U0565226

社会科学方法论与社会哲学研究丛书

本丛书系 2017 年上海市文教结合"高校服务国家重大战略出版工程"项目

后现代主义
社会理论管窥

郑争文 著

上海三联书店

"社会科学方法论与社会哲学研究"研究丛书总序

本丛书以"社会哲学"为研究主题。社会研究要以人为本，而人总是生活在社会中。社会研究的种种问题都与人生的目的和意义相关。事实与价值、规律与规范、必然与自由、决定论与非决定论、一元与多元、说明与诠释等社会研究中的观点和方法论争论，乃至社会科学、人文科学、文化科学、精神科学等学科分类和这些名称的由来，无不与人在社会中的生存方式紧密关联。人一方面有自我意识、自我决断能力，自己为自己立法和选择走自己的道路，另一方面人也受制于自然环境和社会条件。有些学者旨在建立一种既定性又定量的社会科学，希望能像自然科学一样正确预言未来发生的事件；有些学者认为社会科学与自然科学有本质差别，社会科学具有阐明人生意义和伦理教化的职责；还有一些学者则旨在把上述两个目标综合起来。于是乎，实证主义、实用主义、结构主义、现象学、结构功能论、符号互动论、交往行为理论、后结构主义和后现代主义等形形色色的社会理论应运而生。在这些社会理论中所涉及的本体论、认识论和方法论问题，是这套社会哲学研究丛书重点关注的问题。

谈到现代的社会哲学，不免需要介绍和评述现代西方社会哲学的各个流派，我们这套丛书的诸多小册子将以此为专题分别展开研究。但作为中国的研究者，心目中要时时谨记，如何联系中国现实的国情和文化传统，加以反思地把这些社会理论和社会研究的方法介绍给中国读者。这是我们这套丛书面世的意义之所在。我从贺麟先生在其《文化与人生》的序言中得到启发。他提出了"有我"、"有渊源"和"吸收西洋思想"这三个要点。我想这三个要点也是这套丛书的要求。"有我"指有自己的思想见解，不人云亦云地抄袭现成公式口号，以自己的真知灼见解答我们自己的时代所困扰我们的问题。"有渊源"指，虽说有我，但并非狂妄自大，前无古人；追思中国传统文化的深远渊源，在与传统的对话中获得启发，以史为鉴，寻找解答当前社会问题最佳方案。"吸收西洋思想"指，有渊源，发扬文化传统，却并不顽固守旧；对于西洋人的社会思想和哲学，虚心以理会之，切己以体察之，期望将其根本精神，用自己的语言，解释给国人，使中国人感到并不陌生。

贺麟先生是在八年抗日战争取得胜利之时写下这篇序言的。他认为，在这期间，不但高度发扬了民族的优点，而且也孕育了建国和复兴的种子。笔者意识到，如今这些种子已经到了茁壮成长的时候了。本小册子的各位作者，希望继承贺麟先生的志愿，融贯中西文化，采纳百家之长，为民族复兴和人类幸福、社会哲学的研究作贡献。

本系列丛书的出版得到 2015 年上海高校服务国家重大战略工程"社会科学方法论与社会哲学研究丛书"的资助。《后现代主义社会理论管窥》系国家社科基金一般项目"西方社会哲学研究"（15BZX078）的成果之一。

张庆熊 谨识

2018 年 5 月 3 日

目　录

引　言

由于生活的高速急剧的变化,社会的共同经验濒临瓦解,在一定的意义上来说,社会交往越来越陌异化、远距化、高频化和时效化,所以,社会科学不得不使用各种"模型"或范式以及不断更新的"理论"来对被搜集和被确定的资料性质的"社会事实"予以诠释,这样一来,在"社会理论"之领域中,社会"通过事实被间接化了"①。人所直接生活于其中的"社会"在理论上被间接化了,间接化往往意味着有了第三方的介入,意味着有了"隔离"。于是,包含人在内的社会的整体性就在某种意义上被破坏了。后现代主义社会理论家的拿手好戏之一便是反对"整体性"(极个别除外),这几乎就是在推波助澜。

后现代主义标示着对现代性的全面而彻底的批判,它试图超越现代性的局限,批判科学主义立场与科学方法的独尊,拒斥宏大叙事,反体系,反基础主义,拆解人类中心主义和本质主义,推重多样性和多元化,等等。尽管如此,我们不要简单粗暴地把后现代主义理论看作是泡沫式的刻意炒作,不要稍加了解就说后现代主义者的做法是"设械匿形和推堕晃漾",不要随便给他们扣上"钻牛角尖"的帽子。假设过于强调"后现代"之"后",那就可能倾向于认为"现代"日薄西山或气数将尽,就倾向于认为

---

① 梅洛—庞蒂:《哲学赞词》,杨大春译,商务印书馆2000年版,第82页。

曾经具有一贯性的"现代"行将就木,代之而起的乃是"后现代"。还有一种可能,即过于强调"后现代"之"现代",那就可能倾向于认为"后现代"乃是现代的"圆满完成","后现代"是最具有现代性的东西,是现代性本身的最高代表,这就像是在说:"现代"的极致是"后现代"。这实际上泄露了一个信息,即后现代主义不是一个统一的阵营。在后现代主义者之中,虽然有人完全否定现代,但是也有另外的人强调后现代和现代之间的某种连续性。后一种情形需要重点关注,比如,许多后现代主义者捍卫自由和民主等价值,可这些价值立场不也是现代性所极力支持的吗?后现代主义者抨击现代性,当然不是因为现代性符合这些价值立场,而是因为现代性(以一孔之见的方式)或许窄化或矮化了这些价值立场!于是,后现代主义者的"转向"也好,解构也罢,实际上可能是在拓宽这些价值,以便让它们有更强的解释力度。这样一来,"后现代"是在增强现代性的兼容能力,使之更宽容和更有韧性。

接下来的问题是:后现代主义的社会理论意味着什么呢?

后现代主义者把注意力对准社会的"边缘地带",关注社会领域中的被忽视之物、不确定之物、难以捉摸之物、难以化约之物、非理性之物、受压抑之物、被遗忘的东西、外围的东西、偶然的东西和模棱两可的东西,指责现代社会在实现自己的理性目标方面所遭遇的"全面的失败",绕过宏大叙事和绝无遗漏的整体性规划(或一揽子工程),粉碎现代社会在不同东西之间所设置的"曾被认为是理所当然的"界限。如果要问:后现代主义者是倾向于强调社会的稳定性和规律性还是倾向于强调社会的零散性、多元性和偶然性?回答当然是后者。后现代主义者提呈了非科学主义的、非基础主义的、非本质主义的和批判性的"社会观"。

利奥塔(Jean-Francois Lyotard，1924—1998)对启蒙运动所许诺的以理性来稳妥安排世界的思想进行质疑，实际上，此种自命的整体性的规划因为忽视某些群体而导致灾难。他认为现代性的主要特征就是宏大叙事，宏大叙事规定真理的条件，同时不顾知识形态的差异而强行将所有知识整合为一个整体。而从另一方面来看，二十世纪的世界大战和集权主义等等现象粉碎了宏大叙事的可信性。"叙事"和"科学"都是知识形态，科学的合法性叙事和实践的、人文主义的叙事都不可信了。利奥塔提倡"后现代科学"，寻求异质性的新思想，远离对于一致性和整体性的寻求，在信息时代，每个人应该被赋予自由进入信息库的权利，否则就有人利用信息的不对称而在信息-知识的名义下施行压制。利奥塔提示，要以"小叙事"去维护"公正"和"未知"不受到戕害。

福柯(Michel Foucault，1926—1984)研究的主题多变，涉及文学、史学、哲学和政治学等等领域，在"话语形式"之线索的指引下，我们发现福柯试图用知识考古学揭示某类陈述形成一门"学科"的方式。该种方式不来自于人类主体，而是来自于特定的时间和场所中的基本的"话语性实践"。后来，福柯转向系谱学，这也是某种意义上的话语分析法，它着重于把握差异和微观要素，试图解释权力和道德等经验何以形成"话语档案"，试图发现"人"成为权利主体和道德主体的世系。福柯认为，规训(surveiller)和控制无所不在，人像是生活在无数小铁笼之中，最后在自我关切之中求助于"快乐"和身体之能量的释放。身体是社会的真正的基础，这倒不是因为身体统摄一切社会事物，而是因为和身体有关的微观战争(作为欲望和意志的身体自身之强力跟加诸身体的政治性强力之间的战争）乃是宏观社会的"基础"。

鲍德里亚（Jean Baudrillard，1929—2007）的事业就是以形象的和幽默的方式描述我们从象征朝向模仿以及从真实朝向符号的"转折"。在公众舆论的不断的再生产之中，大众主要被考虑为统计学上的范畴，大众几乎被"消解"了，被公共舆论和定了调子的民意调查等"消解"。后期的鲍德里亚则认为当代社会是一个由各种符号及其相互模仿所组成的世界。

德勒兹①（Gilles Deleuze，1925—1996）不仅反对法西斯式的政治体制，也反对头脑中的、日常行为中的广义的法西斯主义。人们集"欲望的发动器"和"生产的机器"于一体，但资本主义却对欲望进行压制，为了回应此种可怕的压制，就要使用"精神分裂的分析"之方法来解放欲望机器，让欲望这种革命性的、天生具有反叛性的力量爆发出来。德勒兹否认存在着解决所有问题的革命主体。对于符码、资本主义和资本主义塑造的用来支撑自身的东西予以破坏，这是德勒兹的重要策略。

德里达（Jacques Derrida，1930—2004）认为潜伏在符号背后的"流动"向来都存在着，总有某种隐藏的东西等待着人们去解构乃至进行进一步的解构。他"解构了"语言和社会制度，认为"社会制度"只是"文本"或"书写"而已，它们无法限制从事书写的人们。德里达批判"总体社会"，认为它被逻各斯中心主义所钳制，所以，应该把"社会"从制造压制性话语的权威们的束缚之中解放出来，办法就是诉诸去中心化的、游戏式的、差异中的"书写"。

---

① 值得一提的是，德勒兹在"社会问题"上的观点未必能够全部被囊括进"后现代主义的社会理论"之中。

　　吉登斯（Anthony Giddens）1938 年出生于英国，他区分了所谓的"社会理论"和"社会学"，此种区分的前提是什么呢？是"社会理论"与排除个体心理的实证社会学之间的不同。吉登斯用反思的目光诠释社会，由于时间和空间的加速分离、脱域机制（或"抽离化的机制"）和反思性，现代性得以成其自身。普遍监控下的资本主义的军事—工业主义是"晚期现代社会"的特征，这样的社会是一个"风险社会"，毁灭性的力量业已形成。吉登斯指出，此情此景之下，脱困之道是协商民主、非暴力、后匮乏经济（积极地反对经济收益最大化等）和环境伦理的建设等。

　　那么，这几位思想家的渊源是什么？

　　分散开来看的话，批判科学主义立场与科学方法的独尊，拒斥"宏大叙事"，反体系，反基础主义，拆解人类中心主义和本质主义，推重多样性和多元化，这些做法曾被先前的哲学派别或哲学家分别在不同的场合下"零星地"施行过，而"后现代"则意味着所有这些批判的集中爆发，这是在质疑、否弃、解构乃至颠覆的意义上进行大规模的全面批判。后现代主义从弗洛伊德、尼采和马克思那里吸纳思想资源。这并不意味后现代主义认可他们的理论的内容或结论，而是受到他们的怀疑精神和批判精神的启示，当然，影响的方式是不一样的。

　　首先看看来自弗洛伊德的影响，利奥塔的《力比多经济学》虽说以某种方式批评了弗洛伊德的精神分析，但暗中接受了弗洛伊德把文明看作是对力比多进行压抑的观点，对此种颠覆性看法的接受打开了一个巨大的批判空间。利奥塔进一步认为，"力比多"在资本主义社会是无处不在的，这种泛化的解释和弗洛伊德将性泛化的做法基本上属同一个路数。福柯在对性的分析之中曾指出，现代的性观念是控制我们的秘密之所在，这与弗

洛伊德的"超我"有某种契合之处,即社会的种种禁忌被内化为
人自身的"良知"或者与其相类似的东西;更为要紧的是,福柯和
弗洛伊德都不约而同地倾向于认为,性的问题不是局部性的,因
为它涉及到知识的领域、正常人的标准和主体的形式等等。德
勒兹虽把弗洛伊德等人的精神分析学说批评为"宏大叙事",但
正如他所指出的那样,通过弗洛伊德等人的精神分析学说可以
发现欲望的产生机制,从而让批判锋芒有了深入突进的独特空
间。弗洛伊德的无意识理论给不少后现代主义者提供了灵感。
其次看看尼采,他的革命性是不言而喻的。尼采的系谱学批判
性地考察了西方社会,福柯也以其系谱学展开批判,福柯像尼采
那样把知识和权力"联系起来"考察,他像尼采一样对理性真理
发起攻击并强调"个体生存"的重要性。尼采批评西方文明不停
地制造关于"真实世界"的幻相,而人们越来越不知道真实世界
究竟是什么样子的,对这一点鲍德里亚是深有体会的。他对尼
采的自由散漫的颠覆性风格颇有心得,他曾追随尼采,批判了西
方理性主义传统在虚妄和真知之间所作的二元区分。不过,鲍
德里亚有过之而无不及之势,他认为人们迷失于模仿的领域,
"真实世界"则失落了。德勒兹基于欲望而展开的批判与尼采基
于强力意志而展开的批判也有其神似之处或有相契合的地方。
然后看看马克思,正如列宁所指出的那样,马克思主义在本质上
是批判的和革命的,这一点后现代主义者该是有目共睹的了。
马克思的"异化"的学说与鲍德里亚等人的"死亡观"在实质上有
其相通的地方,鲍德里亚早期曾试图以某种方式把马克思的政
治经济学与结构主义符号学联系起来(尽管他后来与马克思主
义分道扬镳)。德里达正确地指出,要回到马克思学说的活的灵
魂,回到异于"教条化学说"的马克思的批判精神。就吉登斯而

言,马克思关于资本主义生产方式、资本主义的矛盾、危机、异化的观点以及马克思关于社会主义的观点等对他影响很大。当然,除了这三位思想家的影响之外,个别人另受其他思想家的影响,比如,利奥塔受维特根斯坦的"语言游戏"思想的影响,鲍德里亚受索绪尔的"易位书写"思想的影响,德里达受海德格尔的"解构"思想的影响,吉登斯受韦伯等人的影响,不一而足。

还有一个重要的问题就是:在他们的"方法论"或者"叙述策略"之中,较为突出的东西是什么呢?

在后现代主义的视域中,就利奥塔而言,后现代主义可被简化为不信任宏大叙事,提倡小叙事,他本人把后现代知识看做"语言游戏"中的知识,并且小叙事(或地方性叙事)也属于"语言游戏",所以,利奥塔的方法就是"语言游戏"或者自由地融入"语言游戏"。事实上,他的著作《后现代状态》的第三章的标题就是"方法:语言游戏"①。通过有差别的游戏,人们可以不断突破边界而获得更新,这样就可避免掉入普遍性、整体性和绝对确定性的泥沼之中。

福柯的方法乃是知识考古学和系谱学,知识考古学分析话语变化的种类,用语言文字把考古发现的"纪念物"划分为低阶的要素,然后寻找其间的关联。人们有何资格展开研究?与其说是因为有了概念划分的学科框架和"科学话语",还不如说是遭遇了话语实践及其产物("文本"),因为前者已经事先定好了主题和主要概念之间的关联,这就很容易排除貌似无价值的材料;而后者则回溯到了体系化的知性逻辑构造起来之前的"原真情态"。系谱学则要发现开端之处的相异者的纷争或差异,叙述

---

① 利奥塔:《后现代状态:关于知识的报告》,车槿山译,南京大学出版社 2011 年版,第 33 页。

某些成分如何分裂并重新结合起来，它在某种意义上跟知识考古学一样，也是一种话语分析法。另外，福柯晚年的《性史》则以"性"如何被置于话语之中为一个主要问题。可见，话语分析乃是一条显著的线索。

鲍德里亚的情况似乎要复杂一些。他认为世界"消失"于模仿之中并否定任何意义上的真实性，我们可将其达到此一境地（此一境地被认为是极为古怪的）的"方法"称为"虚构解疑学"，这是（来自于阿尔弗莱德·雅内 Alfred Jarry 的）一个借用。正如乔治·瑞泽尔所认为的那样："他（指鲍德里亚，引注）认为虚构解疑学是与我们生活在其中的那个比现实还更现实（'超现实'）的系统进行斗争的唯一方式。"①当然，虚构解疑学不仅是鲍德里亚的"斗争方式"，也是其所运用的方法论。所谓的虚构解疑学，说穿了就是系统的模拟或仿真抵达"物极必反"的情形时反对自身的方法。其实，关于鲍德里亚的"方法论"，还有一个比以上说法更到位的表达：易位书写。有人会质疑道："易位书写怎么可以运用于社会理论？"对于这样的问题，鲍德里亚做了间接的回答："易位书写或交换/馈赠不是处在语言学边缘和人类学边缘的奇特插曲，不是低于潜意识和革命这些大机器的次要模式。"②看来这是可以运用于社会分析的"主要模式"。易位书写是一个借自于索绪尔的术语，它即是文字性循环（可逆性和散播）的、符号和再现之解构的、语言的象征操作。象征的特点是精细的可逆性③，它恰恰是鲍德里亚对现代社会予以批判的

---

① 乔治·瑞泽尔：《后现代社会理论》，谢立中等译，华夏出版社2003年版，第107页。

② 鲍德里亚：《象征交换与死亡》（前言），车槿山译，译林出版社2012年版，第2页。

③ 这里的"可逆性"无疑包含虚构解疑学中的"物极必反"情形下的翻转，所以，"易位书写"这个说法比"虚构解疑法"之说法要妥当一些。

中心线索，是揭穿"仿真"、"大众舆论"、"符号消费"和"超现实"走上不归路（违背可逆性的单向性轨迹）的钥匙，也是走出困局的策略之根据。加上"仿真"、"大众舆论"、"符号消费"和"超现实"是鲍德里亚学说的标志性要素。所以，易位书写或语言的象征操作属于鲍德里亚的方法论。

德勒兹的方法乃是所谓的精神分裂之分析，即让"无意识"摆脱乃至打破所谓的"俄狄浦斯模式"，以非理性之流破坏压制性的符码。此种分析着力于打破"总体性"，将统治主体等等转为"部分"，成为"欲望机器"。精神分裂之分析被德勒兹与其合作者加塔利称为语用学："……精神分裂—分析 = …… = 语用学……"①故此也可把德勒兹的方法称为"语用学"。

德里达的方法就极为明显了，那就是"解构主义"，即从原著中找出"思维定势"之共性，而后指出其形而上学的症结，这是拆解一切形而上学结构的解构方法。德里达想解放一切人为约定的规范，解放哲学、文学、伦理和宗教等等，抹去原有的规范，重写"新文字"或新的文本。

吉登斯的方法是"双重解释学"，此种方法意味着解释社会生产和社会再生产（生产和再生产是社会成员的技能性实现而非机械过程的低等生物学筹划，生产和再生产使得自然"人化"并改造人自身），而且也在社会科学的"元语言"——关于语言本身的语言——之中解释性地说明和协调"普通语言和专业语言"，更一般地讲，就是说明和协调不同的生活形式，亦即说明和协调"实践活动的模式"。

综合来看，利奥塔的对"语言游戏"的融入和福柯的作为话

---

① 德勒兹、加塔利：《资本主义与精神分裂（卷2）：千高原》，姜宇辉译，上海书店出版社2010年版，第29页。

语分析法的"知识考古学和系谱学"以及德勒兹的语用学都涉及到"语言",而鲍德里亚和德里达则涉及易位书写和文本的解构,吉登斯的方法是"双重解释学"。所以,这五位思想家的方法都和语言、"文本"以及"书写"有密切联系,而此三者在某种意义上可统一于"话语"。鉴于此,我们似乎可以尝试着给这些人的方法论或"叙述策略"中的"突出方面"安排一个以话语为核心的"总的名称"——尽管后现代主义会反对"总的名称"。我们知道,世界上根本上就没有什么未经中介的资料或事实,资料和事实都是被"话语"解释过了的,对所有文本的阅读和批评都属于伴随有话语的理解和解释,也由于所有著作的撰写与"话语"同行,所以我们把以上各位后现代主义思想家的方法论或"叙述策略"中的"突出方面"总称为"后现代的话语分析"或者话语分析。① 它不是以作者为中心的施莱尔马赫式的解释学,也不是许诺在对话逻辑之中获得共同点的解释学,也不是回归源头守住文化原型的施特劳斯式的解释学。话语分析消解了"解释主体",与其说理解是"主体"的构造,还不如说"自我"恰恰是理解本身的产物(自我在理解中成就着"自身",若是认为自我是经验之起源,则是偏误于没看到人总是社会的和受语言驱动的),或者说,"自我"在某种意义上是由文本的内容构成的。另外,话语分析的文本在外延上不仅仅限于理论、历史文献、法条、文学、音乐、绘画建筑等在内的体现精神的东西。由于理解本体化了,所以文本几乎是覆盖一切的,它泛指在任何时空条件下存在的"能指系统"。日月山川由于在时空中存在,具有能指性,从而在某种意义上也"属于"文本。给五位思想家的"方法"安置一个"统

---

① 也许,用"后现代的话语解析"或话语解析来指称他们的方法论或"叙述策略"中的突出方面要更为恰当一些。下同。

一的"说法——话语分析，这在某种意义上是极为危险的做法，只可以并且必须被看作是一个权宜的说法而已。话语分析意味拆除形而上学的对立和"压制性"的文本，源源不断地呈示出新的独特的要素和意义。

第一章　利奥塔

利奥塔拒斥整体现象和大一统之物，他把局部的和片段性的东西推到前台，这表现于他对"后现代"所作的界定之中："简化到极点，我们可以把对元叙事的怀疑看做'后现代'。"①元叙事本质上即是"宏大叙事"，它是涉及所有语言的、基础性的、拥有合法化功能的叙事。其根本特点之一就是对发生于社会历史中的各种各样的冲突和歧异予以掩饰，从而提供出所谓的"一贯性"的理论。和"怀疑宏大叙事"在逻辑上具有同步性的是，利奥塔对经济问题和其他社会关系等有其独特的看法。

第一节　经济问题

利奥塔的《力比多经济学》体现了独特的风格，即对于社会历史中的各式各样的冲突和歧异予以暴露，打破一般概念的辖制，把强烈的感觉与身体中不可遏制的东西作为考察问题的线索。利奥塔出人意料地从力比多（libido）出发来考察"经济"。

力比多即所谓的难以名状的本能、力量、欲望和驱动力，讨论力比多是否意味着利奥塔是一位弗洛伊德语境中的精神分析

---

① 利奥塔：《后现代状态：关于知识的报告》，车槿山译，南京大学出版社 2011 年版，第 4 页。

家？不是。相反，利奥塔认为，精神分析学中的谈话疗法是要把力比多吸收进语言，但语言意味着对力比多的禁止，所以，精神分析学中的治疗就是压抑，是对力比多的不当的压抑。利奥塔诉诸感性状态和"身体"以引起人的"反应"，他试图以身体的"真相"来批判"经济"这种人为的建构。

在初始条件下，力比多是不定性的和无边界的，离开初始条件后，力比多在各种各样的社会配置中获得一定的形式，那些配置的本性即是调控和疏导力比多，或者压抑力比多。资本主义以市场等来控制力比多，让其变得相对可控。商品乃是力比多从一种形式向另一种形式转化的样态，每一款产品都是力比多的表现形式。资本主义的生产意味着尽可能地把材料（一般的材料、内蕴着极大能量的材料等等）用于创造"利润"，而在竞争之中，各方不遗余力地刺激欲望，竭力消耗对方并且壮大自己，这个过程与纯粹的力比多过程完全契合，即都是无边的冲动、几乎脱序的能量和不间歇的"生产"。或者不如说，资本主义的经济过程是力比多过程的表现形式。

至于无产阶级和统治阶级的对立也被利奥塔消除为力比多的统一的平整化的操控。看看利奥塔对"无产阶级"的描述我们就明白了："你会对我说，无产阶级要么就得劳动，要么就得死去。但人从来都是如此：要么劳动，要么死去……死亡并不是不同于劳动的另一种选择，死亡是劳动的一部分，死亡向人们证明了这一事实，即劳动中有极度的快乐。英国的失业者不是为了生存而变为工人，他们……享受以歇斯底里和受虐狂的方式来耗尽体力，他们享受在矿区、铸造车间和地狱般的工厂里消磨时间，他们享受所有这些；他们享受实际上是强加给他们的对其机体的大规模摧毁，他们享受对其在农民传统中形成的个人身份的瓦解,他们享受他们的家庭和村庄的消失……"①死亡和劳动之间的寻常对立和差异竟然被利奥塔在某种层次上抹平,他认为劳动就是力比多这种本能、力量、欲望和驱力的释放,而死亡则是力比多这种本能、力量、欲望和驱力对躯体极限的撑破而已,劳动中有极度的、欲死的"快乐"。所以,在力比多的层面上,死亡是劳动的一部分。至于说工人受虐式地耗体力,享受身体的摧毁和摧残、享受炼狱般的工厂中的时间之消磨,这些说法若非痴人说梦就只能被解释为这些工人在力比多的冲动面前完全无法自主和独立,完全听凭力比多的流动和配置,他们被资本主义社会这个力比多过程的"操纵者"所掌握,其上述种种非理性的表现(受虐式地耗体力,享受身体的摧毁和摧残等等)就是无可逃避的命运了。在力比多的无边的冲动面前,"无产阶级"只是匿名的"身体",是受力比多压迫的群体,所以它与统治阶级的对立——按照利奥塔的逻辑——则在某种意义上被消解了。

照利奥塔的逻辑来看,资本主义社会的结构是力比多的产物,因为它是被组织起来的和业已保存下来的力比多,同时,它本身也操控着变化的力比多过程。其他形态的社会也以各自特定的方式对力比多予以调控甚至压抑。比如,在中世纪,各种制度和复杂的宗教教义对社会成员的力比多或欲望和冲动予以严控。若是按照此种逻辑一直走下去,奴隶社会的经济主要意味着对广大奴隶的欲望予以控制,市场经济主要意味着市场对力比多的疏导和宏观调控对力比多的调控,等等。

麻烦的是,在《力比多经济》中,利奥塔所谓的身体是无主体

---

① Jean-Francois Lyotard, *Libidinal Economy*. Minneapolis: University of Minnesota Press, (originally 1993), p. 111.

的身体,能量是无主体的能量,力比多是欲望的原始状态。由于
主体在利奥塔那里同意识和语言相联系,身体和力比多则可以
跟"意识和语言"无关,甚至是对意识和语言的否定。所以,人们
看不到"主体"。这样一来,主体、意识和经济关系在不讨论力比
多的情况下或可有其独立性,而与主体相联系的生产、分配、交
换和消费等关系亦然。但是,一旦与所谓的力比多进行比照,主
体、意识和经济关系等就没有立脚的地盘了,它们和力比多之间
是"被奠基"和"奠基"的关系。

第二节　其他社会关系

在如何对社会进行描述这个问题上,利奥塔质疑了"社会构
成一个功能整体"的模式以及"社会分为两个部分"的模式。帕
森斯(T. Parsons)的"系统原理"与第一种模式有关,他认为社会
是一个自我调节的系统。言外之意就是,假如社会遇到震荡乃
至碰到危机时,这个大系统能通过它的自我调节来解决问题。
然而,此种观点似乎把社会运动看作是封闭的循环,所以,认为
社会具有开放性而非封闭性的利奥塔就尖锐地将其批评为偏执
狂的想法。"批判理论"则与第二种模式有关,但是,批判理论的
二元论所依赖的社会基础在利奥塔看来已经模糊不清了,所以,
批判理论将沦为"乌托邦"的理论。

在此基础之上,利奥塔正面考察了社会关系。与科技革命
同时发生的是所谓的国家功能的转变,领导阶级不再是传统的
政治阶级,而是一个高度混合的团体。要害的问题是掌握有关
的信息,生活目标不由某个人或某个团体决定,而由每个人自己
决定,当然,社会中的人并不由此而被抛入"荒谬的不规则的布

朗运动"之中去。自我虽然微不足道,但它并不孤立,它处在空前复杂和空前多变的关系网之中,处在交流的"节点"上。用语言哲学的观点来看,以上状况即是:人"处在不同性质的陈述经过的一些位置上。"①人或者是说话者或者是受话者,或者兼具二种身份,人被各种性质的细小叙事的陈述所"贯穿",他的位置也因这些陈述而被确定,当然,其位置也因"语言游戏"的效应而发生移动,创新则可随之而至。

对维特根斯坦的"语言游戏"之学说的接受在这个语境之下并不必然意味着所有的社会关系都属于"语言游戏",而是表明:社会之存在有一个最低的必要的关系——语言游戏,社会关系是需要语言来参与的广义上的"游戏"。正如利奥塔所说的那样:"社会关系的问题,作为问题,是一种语言游戏,它是提问的语言游戏。"②社会问题提出之时就已确定提问者、被问者和问题的指谓等等,所以,该问题业已是社会关系了。当然,交流不仅是问题,同时也是现实,故而社会中的语言问题不可以降解为语言的操控、信息的单向传递、传统的言论自由和对话等等,它还保持着独特性和异质性。当然,关于社会目标的问题不是在人性解放的伟大"神话"或全部知识统一的伟大"神话"中得到解决的,它被寄望于构成社会系统的"原子"所具有的处理能力,此种能力关联于人在语言游戏中的各式各样的运动和震荡以及由运动和震荡所带来的"竞技式的"创新。而官僚主义疾病以及僵化的体制等将在社会的"语言游戏网络化"面前被克服,当然,这里的语言游戏是多元的、不确定的、异质性的和无法通约的。社

---

① 利奥塔:《后现代状态:关于知识的报告》,车槿山译,南京大学出版社 2011 年版,第 61 页。

② 同上书,第 62 页。

会关系层面上的语言游戏在交谈者之中进行着千千万万种变换,极尽各种可能性地开展灵活的"斗争",从而将旧体制的界限作为临时结果而不断地予以消除。

这里讲到的竞技和斗争让人想起了政治关系,那么,利奥塔眼中的政治是什么样的呢?

利奥塔主张政治意味着对社会公正的追求,然而,这里的"公正"却不是任何预定的一般标准,即不是宏大叙事语境下的"公正"。利奥塔所说的公正首先要摈弃现有的公正概念,亦即摈弃宏大叙事中的公正概念。政治与近代科学、政治与理性之间曾有的必然联系被切断,理性主义原则所指导下的"近代政治"往往以某些忽视差异的"一般价值"为原则,这样实践下去的后果就是一般价值压制特殊诉求,压制将形成专制,或者更可怕的是,以一般价值为旗号而实施专制。在利奥塔看来,一切预设某种公正的政治或者自名为公正之化身的政治必定是"不公正的",因为它必定使反对者保持缄默或迫使其放弃立场。这样一来,公正就被界定为具有差异性、多元性和异质性的东西了。与这种悬而未决的和不定的"公正"相关联的是,"政治"成为对相关判断的批评和意见的纷争。政治唯有在相异意见的杂陈和批评的共存中才可能是公正的。这样一来,政治权威就被消解了,被歧异的和不可通约的纷争消解了。

后现代的政治是"异教徒"的政治或消解了正统和异端之僵硬对立的政治。那里没有一元的标准,没有绝对占上风的派别。如果说多数人统治是现代政治中的一个重要模式的话,那么,后现代政治则与"多数人"无关。正如一位研究者所指出的那样:"(在利奥塔看来——引注)后现代状态下的政治行动者不仅属于少数派,而且是少数主义的……"①对"多数派"的拒斥是后现代政治的题中之义,因为"多数派"极可能以唯一真理之代表为理由而对少数人实施压制,这是对少数人的不公平。当然,利奥塔所言的"少数派"是由其使用的语言或所进行的语言游戏来决定的。一个人完全可以同时属于不同类的"少数派"(既属于某社团中的少数派,也属于被边缘化的党派中的少数派,还可属于被遗忘群体中的"少数派",如此等等),假如没有任何一派独居上风的话,社会便有公正可言。少数派中的"成员"有其非社会实体意义上的独特性,这主要意味着不同判断和相异意见的独特性,这就是以语言游戏的异质化、以不同判断和特殊意见来暗示的"后现代的公正游戏"。

利奥塔几乎没有提出过正面的新政治纲领,他不认同以"社会"或"国家"等总体性东西为名义的权威,而是推出了消解统一性和权威的批判性的政治观念。人们不禁要问:"判断和意见既然没有一元的标准,那么,公正的游戏如何保证自己不沦为骗局呢?"利奥塔的回答诉诸康德的"先验的判断力",它"不仅是一种判断力,而且是一种创造标准的能力。"②其实,无论是先验判断力所创造的"标准",还是康德本人所说先验判断力,都在实质上属于利奥塔曾大力批评的"宏大叙事",现在利奥塔诉诸自己所批评的东西,这恐怕不能说是前后一致的表现吧!

第三节　合法性的问题

叙事性知识跟科学知识处于竞斗之中,前者接纳了各种各

---

① 夏光:《后结构主义思潮与后现代社会理论》,社会科学文献出版社,2003 年版,第 379 页。

② 包亚明编:《后现代性与公正游戏——利奥塔访谈、书信录》,谈瀛洲译,上海人民出版社 1997 年版,第 28 页。

样的语言游戏,知识的发送者不仅仅是发送者,而且曾经是知识的接受者,他们还可以成为叙事中的人物,亦即他们使得自己被"叙事"所述说。叙事的群体可以在叙事的意义中找到自己的社会关系,也可在叙述行为中找到自己的社会关系,被述内容的"过去时"和叙述行为的"现在时"其实是同步的,叙事以潜移默化的方式界定了说话能力、倾听能力和做事能力,共同体的成长则离不开所有这些能力,于是,叙事就界定了在文化之中自我道说、自我成长的东西,所以叙事就通过此种方式使自己合法化了。这就是说,叙事知识自然地建构了一套运行法则并建构了一种社会关系,而科学知识则排除其他的陈述,它就"专门家"才理解的指谓说出可证实的东西或可证伪的东西。此种知识以表述真理为标准,它不像叙述知识那样是社会关系的一个直接因素,它所要求的能力主要涉及陈述者或知识的发送者。这两种知识遵循不同的规则,其间不可通约。

现代性的叙事主要有两类:思辨式的叙事和解放的叙事。在思辨式叙事那里,知识首先在自身中找到合法性,正是知识才说出何谓国家、何谓社会。这即是说,知识在进行自我阐述,知识被并入某个主导者(神圣的生命或精神的生命等等)的元叙事,后者保障了知识的合法性。在解放的叙事那里,知识服务于自由的、自律的实践主体,这个自律的集体是自我建立、自我管理和自我解放的主体,它把科学陈述作为信息来看待。其实,上面这两种叙事都含有自我垮塌的"种子"。在思辨式叙事中,"知识"在一个使自己的陈述合法化的话语(自义语)中引用这些陈述来自我"提升"之后才被称为知识,但这种思辨的等级制被研究边界的恒常变动所瓦解。而在解放的叙事中,科学的真理性维系于社会实践的自由者的自律上面,但是,科学话语虽有自己的规则，却没有伦理和社会实践的使命，描写现实的真实的陈述并不能表明与其对应的将要改变现实的规定性陈述就是公正的。看来，思辨式的叙事和解放的叙事都失去了可信性与合法性。如果说这是现代性的"合法性"的可悲的命运，那么，后现代的合法性又是什么样的呢？

后现代的合法性不可能建立在"决定论"的基础之上。决定论只是一种假设，它以系统的可预测性等作为预设，然而，现代的量子理论等表明："随着精度的增加，不确定性（即缺乏控制）并未真的减少，它也在增加。"①随着决定论的崩溃，合法性问题将随着新理论、新假设和新观察的结果一起出现并反复出现，于是就有通过"误构"（或"悖论推理"）而达到的合法性。在开放的系统中，陈述的相关性就在于"产生出新的东西"，产生其他陈述和其他规则，元语言已死！利奥塔主张去追求不受共识约束的观念和实践，考虑局部问题，不断地追求差异，超越已知领域，追求原则的更新，鉴于原则的更新总是某种"开始"，所以，对于利奥塔而言，"我们所需要做的事情只不过是持续地开始。"②这恰恰有点像胡塞尔的如下表达：学者要作为"真正的开始者"而努力以及要为"开端"而奋斗。事情确乎如此，从来没有现成的和固定的开端。那些值得追求的东西和对于未知领域或未知"开端"的向往都受到同级别的尊重，"误构"联结那些异质状态，让总体性的永恒的宏大建构让位于临时协定。

上述所涉及的"开始"和"开端"正好契合于利奥塔本人所说

---

① 利奥塔：《后现代状态：关于知识的报告》，车槿山译，南京大学出版社 2011 年版，第 196 页。

② 乔治·瑞泽尔：《后现代社会理论》，谢立中等译，华夏出版社 2003 年版，第 185 页。

的对于现代性的"重写",此种重写构成了利奥塔对于后现代主义的态度。利奥塔指出:"后现代性不是一个新的时代,而是对现代性自称拥有的一些特征的重写,首先是对现代性将其合法性建立在通过科学和技术解放整个人类的事业的基础之上的宣言的重写。但正如我已经说过的,这种重写在现代性本身里已经进行很长时间了。"①这里明确了后现代性意味着对于现代性的重写,尤其是对于以前的"合法性"的重写。关键是如何重写呢? 利奥塔借用了弗洛伊德的方法:"'重'字根本上是与写作联系着的,它……是弗洛伊德的'彻底体验法'。"②彻底体验不是记忆或者重复,它是具有积极意义的发现,它意味着揭开那些被偏见所掩盖的真相,移除那些由计划、理想和心理分析等现代性观念和现代性理念所形成的遮蔽物。③ 奠基于彻底体验上面的"重写"乃是一种积极进取式的解蔽,它不断地清除被原有结构所掩藏的淤积着的东西,以新的感受和经验方式追求新的境界和状态。

需要指出的是,利奥塔在谈经济的时候以力比多或身体为中心,并把"语言"打入另册,但在后来讨论其他社会关系的时候大谈"语言游戏"而忘了力比多或身体。一方面,社会结构是"被组织起来的和业已保存下来的力比多",另一方面,社会结构"有

---

① 包亚明编:《后现代性与公正游戏——利奥塔访谈、书信录》,谈瀛洲译,上海人民出版社 1997 年版,第 130 页。

② 同上书,第 156 页。

③ 话说回来,此种"彻底体验"假如运用不好则会适得其反,比如,否定了关于永恒之物的宏大叙事之后,有些人转而去迷恋瞬间,追求感官刺激或身体的体验,把身体变成体验瞬间的工具(由此可能导致物质的滥用等问题),随时打造出类似于"高峰体验"的事件,随时宣称自己经历了不凡的时刻,很有可能把责任和义务置之脑后。此事不可不慎!

一个最低的必要的关系——语言游戏",把这些观点综合起来看就可发现,语言是离力比多最近的东西,利奥塔大谈力比多和那些离力比多很远的东西(如经济)之间的实质性的内在关系,却不谈距离"力比多"最近的语言与力比多本身之间的实质性关系,这难道不是奇怪的事情吗?

第二章　福　　柯

　　福柯对现代的无处不在的监控技术和技能做了深入的研究,他所使用的方法有关注特定的历史时刻(或时段)的知识考古学和关注历史过程的谱系学等等。知识考古学要将"知识"还原到原始的历史文本中去,而非把历史设为实体并在各种预设之下添加材料,因为我们自认为描述了"历史真相"的那些理论模式实际上随着时代在一起变化。知识考古学要从人类的精神性纪念物中挖掘思想史建立的条件和边缘性思想资源间断的迹象,而此"条件"和"迹象"则可追溯到作为文本的"话语事件"。用另外一种说法就是,"知识考古学就是要考察历史物质之间的真实力量关系。"[①]它要对话语或语言的实践进行分析,对语言运用的社会机理予以解析。系谱学则要找到"对象"的并不具有纯粹同一性的"出身",还要发掘"对象"的非连续性的别开生面的"发生"。

　　行为者或主体所受的训练决定了他们只是依照时代或相关专业区域所提供出来的材料去审视世界,因此社会无意识的话语机制和各种话语组织的规则并不能自动地被运用它的"主体"所了解。福柯拒绝关注"主体"或先验意识,而把焦点放在话语性实践上面。后来,福柯发现,掌权者往往试图对威胁性的话语

---

① 赵福生:《福柯微观政治哲学研究》,黑龙江大学出版社,2011 年版,第 31 页。

形式实施控制,故而话语是充满风险的,人们通过"知识"的生产来管制自己和他人的方式是值得深究的。各种机构的权力网络无所不在,对"我们"的监视也俯拾即是,只有当自我管制、自我惩戒和自我调控的问题解决了之后,我们才有可能获得"解放"。毫无疑问,他对人、权力和管制的看法是耐人寻味的。

第一节　启蒙的问题

著名哲学家康德认为启蒙就是让人成熟,而福柯指出,以前的哲学家并没有解答好这个问题,人类至今还未曾解决好这个问题:"我不知道我们有朝一日是否会变得'成年',我们所经历的许多事情使我们确信,'启蒙'这一历史事件并没有使我们变成成年,而且,我们现在仍未成年。"①福柯接着康德所讲的启蒙问题继续挖掘,讲出了别开生面的东西。

我们先看看康德就启蒙所端出来的重要问题。康德说:"要有勇气运用你自己的理智! 这就是启蒙运动的口号。"②他心中的启蒙指的是这样的情形:人从无法运用理性而陷入盲从的不成熟状态中走出来,启蒙的本质是唤起人们不迷信权威,大胆地运用理性摆脱蒙昧的状态。这种界定可以从肯定而积极的方面来讲,从事建立成熟秩序的事功,把事物按理性排列和指派位子,保卫理性背景下的新的隐性权威,追求合理的体面的体制,这明显地表现出了对分配性质的偏好。当理性限制知识而为信仰留下地盘的时候,恰恰是它不越俎代庖的表现,是它有节制和

---

① 杜小真编译:《福柯集》,上海远东出版社 2003 年版,第 542 页。
② 伊曼努尔·康德:《历史理性批判文集》,何兆武译,商务印书馆 1990 年版,第 22 页。

有"度"的表现,当然也是它成熟的表现。这样的理性不乱方寸,也就能够澄清如此这般的问题:"人能认识什么?"、"人应做什么?"以及"人能希望什么?"等等。这是欧洲的"现代的"态度,是认知到某种界限的态度,认识畛域之内的东西,做界域之内的事情,身负着该有的期望。

然而,对于这个"启蒙",除了上面所说的肯定而积极的方面,恰恰还有一个否定而积极(不是否定而消极)的方面。理性通过批判固然划定了自己的范围,但这是先天的界限或先验的界域。福柯则从事情的实际方面揭示"理论"或知识如何形成并产生界限。这里的问题才刚刚开始,关键在于:实践产生观念或思想模型的方式可以越出"理论的必然性"之外,恐怕这才是福柯思想的力度之所在。

在《什么是启蒙?》中,福柯表明了他的将越界作为积极因素来看的倾向:"如果康德的问题是弄清楚知识有何种界限不能僭越,那么对于我来说,如今批判的问题就应转向积极的一面:在什么情况下给与了我们普遍、必然、服从,又在什么情况下,哪种个别、偶然以及独断强制得以占据地盘? 简单说来,关键在于要将必然限制形式的批判转向一种实践的批判,这种实践的批判使僭越成为可能。"①这就是说,启蒙作为质疑和批判性的质询,它不必用来寻求普遍价值或普遍结构,而可以用来对哪怕是"个别和偶然的事件"进行历史性的探讨。要紧的是,这里的"个别和偶然的事件"并非是贬义,因为它仅仅相对于传统理性主义而言才是"个别和偶然的事件",就其自身而言,它反而可以为"自由"寻找一种"新的动力",不仅仅是一般意义上的批判现实。

---

① Paul Rabinow. *The Foucault Reader*, New York: Pantheon Books, 1984, p. 45.

　　社会在不断地产生形形色色的结构,这些结构或多或少地反映了对于自由的相对的限制(在福柯看来实际是权力的约束),而人的实践则以五花八门的方式(包括意想不到的方式)侵蚀或打破各种结构,这种批判的实践显示出了自由。

　　就现代性而言,有一种线性的思考方式,即认为时代总是不断进步的,这仅仅是十八世纪启蒙思想家的思考模式,是一种和"古代"有所关联的思考模式,福柯则改之以另一种模式,即"横断式"的思考方式,这里是要考察人们"说"与"做"的方式,正如不同地层之间的关系不是必然的而可能是突如其来的一样,不同时代的"实际性"之间的关系也不是必然的,而可能是突如其来的或出人意料的,类似于所谓的"突变"。被考察的东西不是单线条的,而像是树上四处伸展的无数枝丫,满是分权。恰恰就是在那里,人们可以考察事情的别开生面的"发生"。

　　福柯的实际研究表明,他从人的实践体系-制度体系中挖掘出了别有洞天的可能性,从个别的偶然的事件中看出自由,找到实践的不受限的一面,尽可能广地寻求新动力。尽管有些违反普遍规范的行为或事件被认为是个别的、例外的和偶然的,但那恰恰是人的自由的关键之所在。① 所以,福柯关注疯癫、麻风病和犯罪等问题,绝非故作姿态或者哗众取宠。

　　启蒙意味着不再简简单单地按照旧习惯评判事物,恰恰就是在这一点上有其分岔:它可以是界限的态度,也可以是超越界限的态度;它可以是一定历史时代之中的制度性规则、法律和组织的约束,也可以是以实际行动实施僭越的可能性;它可以是

---

① 由此可以看出,福柯的哲学研讨方式和质疑方式与 18 世纪启蒙精神之间并无特别大的断裂,说他是后现代主义者,这是后人诠释时做的,而非福柯本人的明确的或有针对的意思表示。

理性的技术,也可以是自由的战略游戏;它可以是同一性的追求,也可以是对同一性所掩盖的相异者的揭示。这种意义下的启蒙的确是精彩纷呈的,尤其是像福柯本人那样把新的话语方式(物质性质的实践活动方式)和新时代的出场内在地予以并置,进入了别具一格的境界。

第二节　人

人和话语有内在的关系,任何因某种原因而隔离于社会话语环境中的"人"——比如学会语言之前的美国作家海伦·凯勒——只是名义上的人或潜能意义上的人,此外,说话表里如一的人不可能是那种诸如骗子之类的人,而常常表里不一的人也不可能离不诚实者太远。在福柯这里,他暗示人没有能力完全把握"句子",人也不可能经常性地和连续地讲大量没有语法的"句子"。还有,话不能归结为人的主观意愿,"有话要说"或"不得不说"的情形并不少见。在话语中,"方式"和"什么"之间的关系显而易见,即前者决定后者,人们只有以某一方式谈论什么事情,才可以说那个"什么"是存在的或者是不存在的。以考察神话作品的方式或想象的方式可以说"孙行者"是存在的,但在其他场合下则往往不能。所以,历史上的"怎么说(话)的方式"是至关重要的,对它的考察可以发现很多秘密,比如关于"人"的秘密。

人相关于几个不同的"知识型",而所谓的知识型即是知识对事物秩序予以组织的形式或隐藏于文化现象背后的决定知识形式与方法的结构以及判别真伪的标尺。不同的知识型层面上的人是以不同的方式显现出来的。

　　人与万物是相似的,这是指文艺复兴时期的情形,那时的知识型以"相似"为指归。相似有空间的接近、比例的相似、关系的相似以及性质的相似(或"感应"),世界恰恰由于相似而连为一体,连书写符号和事物之间也常常被认为具有相似性。世界被视为基于一定的目的而被创造出来的,人类与非人类的界限和对立尚不存在,"相似性"的不断积累也意味着知识增长了,而对人与外物之间的隐秘影响力的考察也属于知识的主要内容。人是一个"小宇宙",此种说法所透露的人和宇宙之间的关系之相似亦可由性质的相似或"感应"来予以解释,当时的巫术之属于正统知识也从侧面暗示了人与万物之间的相似。在此顺便提一下,塞万提斯笔下的堂·吉诃德乃是追求"相似者"的人,他看到了客店和宫殿的相似性、风车与魔鬼的相似性等等,这种态度"在时代进步了之后"常常被看作是"疯狂的",也会被嘲笑和讽刺。

　　接下来,人转为知识的"主体",这发生在福柯所谓的"古典时期",发生在以"表象"或"再现"作为知识型之特征的时代。这一时期的知识有普通语法、自然史和财富分析,其间贯穿着"再现"。词与物之间有"代表性"——表现性,语言的意义不再像过去那样在于其与事物的相似,而在于其对事物或事物性质的再现。货币的功能不再以其自身的内在价值为支撑,而是在于它作为一种符号再现了其他事物的价值或代表了其他事物的价值。关键在于,再现乃是对于事物的表象,那么,再现本身则不是事物,故而,"再现本身"是不可以再现的。那么,端出客体的那个再现者是谁呢?那个自身不可再现而让事物被表象的存在者是谁呢?就是"人",它本性上即是笛卡尔意义上的"我思",就是被抽象出来的知识的主体或表象的主体。人作为表象的主体不能表象自身,不能"逆反过来或反转过来"表象自身或再现自身,而只是被客体表象出来。

　　尔后,人是知识的对象,这是在"现代"发生的事情。再现或人对外物的反映不再是坚实的、奠基性的出发点,再现或对于外物的反映只有通过人对自身的表象才是可能的。康德的"先验自我意识"乃是一个显著的范例,先验自我意识是经验自我意识的基础,也是知识论的基础,是知性为自然立法的枢纽之所在。生物学、经济学和语文学(philology)取代了自然史、财富分析和关于普通语法的学问。相应的是,人作为历史中生活的人、劳动者和说话者而呈现,人成为知识的客体或对象(而不仅仅是知识主体),人是认识论维度上的人,心理学、社会学和文学分别以"心理意义上的人"、"社会人"和"一般的人性"为对象,它们全都涉及到了人,这就无法阻挡地使得人文科学诞生了,而人文科学就是以"人"为对象的"科学"。于是,人是作为知识对象的自我经验的中心。

　　好景不长,作为知识主体和客体的"人"甫一呈现,就面临被消解的命运。20世纪中叶以后,现代的语言学、人类学和精神分析以能指活动、结构和无意识等等这些"强于人的东西"来探讨人,从而消解了人的优越性。正如福柯所说的那样:"人被消解了。"[①]当然,这是说作为知识主体和知识客体的人被消解了,人的消解就是指"人的本质作为一种形而上学的假定已经失去意义了"[②]。人被消解了并不意味着"人没有了",而是说真正的人由于形而上学的不恰当的假定或预设而发生分裂了。

① Foucault：*The Order of Thing*，Random House，New York，1971，p. 379.
② 夏光：《后结构主义思潮与后现代社会理论》,社会科学文献出版社,2003年版,第216页。

人被消解了,这也可以被视为后现代语境中对于人的消极的、否定性的看法,那么,有无正面的、积极的看法呢?有。"人"或"主体"乃是在快乐中自我创造和自我建构的自由体。福柯认为,要了解"人是谁"这个问题,就必须打开"性的秘密",因为性涉及知识的不同领域、正常人和非正常人区分的标准和主体的形式等等,性是受政治、经济、宗教、哲学、历史、文学、医学等影响而同时又反作用于它们的复杂的社会化问题,不冲破这一神秘的禁区是无法真正了解人的。

在古希腊时期,性观念中拱卫着一种很高级的爱,即柏拉图式的恋爱,此种观念的中心乃是对自然欲望的自我控制,主体是控制欲望的反思的主体。在中世纪时期,性与人的原罪连在一起,性是忏悔的一个主题,在"真理意志"的驱动下,个人通过忏悔而把社会规范和价值内化为自己的行为准则,主体被视为摆脱肉体的灵魂。在福柯所谓的"古典时期",有关性的话语慢慢放开,但目的依旧是禁戒和压制。孰料禁戒和压制所使用的手段(以"生理卫生教育"等等为指归而传播的性知识和性观念)几乎变为目的本身,即性观念渗入身体而成为其支柱。现代的性观念表现为外加于身体的权力,它是对我们的秘密控制。总之,从古到今,性观念要么对自然欲望予以压制,要么与来自"罪"的指控和忏悔有关,要么受到"不正常"之观念的压抑,这一切都是对真正的性的扼制和对人的扼制。为了从扼制中解放出来,福柯诉诸一种作为艺术的性,诉诸性的快乐。相反,以欲望代替快乐是医生、精神治疗师以及社会解放运动对快乐的禁止,他们却自以为正确和正常;类似地,古希腊人对快乐进行节制,还自以为正确和正常。福柯所讲的肉体快乐不局限于"人之大欲存焉"意义上的"饮食男女",它是多元的,快乐是身体自身的强力抵抗所有加诸它之上的权力时所获得的凯旋。

综合这样的分析可知,在福柯看来,真正的人绝不是现成的,而是在作乐中生成的,而作为知识主体和知识客体的人被消解了,福柯的后现代意义上的"人"或"主体"乃是在快乐中自我创造和自我建构的自由体。

上面提到,快乐来自于身体之强力对权力的凯旋,这就暗示"人"也是权力的对象,这样讲的话,当然需要对"权力"予以澄清。

第三节　权　　力

在福柯那儿,权力不是制度或结构,它主要指各种现代制度中的知识化的"权力"或各种制度操控"人"的"权力"。权力无所不在,它在每一时刻和每一位置上都会被产生出来。比如,近代有针对生命的权力——针对身体的解剖政治和人口的生命政治,这是以"知识"为"担保"的对生命本身的控制;比如计划生育"政策"的强制执行等等。福柯所说的"知识"往往可以跟理性或"科学"或真理互换,在现代制度理性化的大背景之下,权力知识化了,而知识也权力化了,压制性的权力和知识是内在缠结的,制度则是各种"权力/知识"的结合体。从来没有所谓先在的"理论"指导实践这回事,"理论"、实践和制度等因素可以是并列的。福柯所说的"权力"散布于社会的一切层面之中,权力的笼罩是弥漫性的,正像乔治·瑞泽尔在评点福柯的权力观时所说的那样:"与大多数现有的定义相反,权力不是一种制度、结构、超结构,甚至也不是赋予人们的一种力量。权力是无所不在的……"[①]当

[①] 乔治·瑞泽尔:《后现代社会理论》,谢立中等译,华夏出版社 2003 年版,第 90 页。

然,福柯所说的权力毕竟异于宏观层次上的"主权"和"法权",所以,他所谓的权力在某种意义上可被称为"微观权力",相关的控制在某种意义上可以被叫做微观的社会控制。现在,我们看一下他所提到的"对于边缘群体的权力"以及"规训(surveiller)的权力"。

一、对于边缘群体的权力

"对边缘群体的权力"这个话题涉及到理性和非理性之间的关系,福柯以"精神病学"为切入点展开探究。让一般人吃惊的是,福柯所谓的精神病超越了生理疾病的范围,它与社会层面上的人群分类、知识形式的分类以及一种知识形式对另一种知识形式强施"权力"的情形分不开。

在文艺复兴之初,疯癫和理性有着共同的语言,那时,它们之间进行着持续的对话,人们不把癫狂当做疾病,无需对其大加防范。后来,理性独白式地和一言堂式地切断了其与癫狂之间的对话,疯癫者被关入疯人院,穷人、失业者等也会被关押起来。疯子等跟罪犯乃是同一类人,他们——且称之为边缘群体——都是社会的"公敌",是理性者应同仇敌忾地予以囚禁的对象。理性者在把边缘群体视为被强行管辖者和强制匡正者的同时,它自身掌握了社会标准的制定权。所以,对边缘群体予以大囚禁的时代之开始正是理性的大踏步的进军。

医院、限区或收容所中被隔离和禁闭的边缘群体跟"外面的人"的对立还显示了威慑力,即外面的任何人若是言行跟通常标准不一致的话,马上就可能被"圈禁"或者被监禁,于是,理性开始了对他者的全面驱逐和对整个社会的监控。

可见,在特定的历史条件下,癫狂才被看作是对社会的危害,而在此之前则否,理性名义下对癫狂的裁定表明癫狂应受到理性审查和强制管辖,于是,理性和知识就有了凌驾于非理性的资格和权力,有了制定正常与非正常之区分标准的权力,甚至有了支配一切的权威和权力。于是,理性钳制非理性而建立所谓的"真理"。

二、规训的权力

"规训的权力"这个话题在《规训与惩罚》中被解析得淋漓尽致。"规训"是一个能把纪律、教导、纠正、训练、学科等串联起来的术语,它具有弥漫性,它在规训肉体的同时也在制造知识,反之亦然。

在中世纪末和"旧制度"时期,对于"罪大恶极者"所使用的是公开的酷刑,它是体现惩罚权的司法仪式。在公开的酷刑实施的前后,罪犯以卑劣的面目示众,他的负面形象暗示他是罪行的宣告者,处决执行前,罪犯还有悔过和进一步坦白其他罪行的机会,而处决意味着真理的光辉取得彻底的胜利。其实,公开处决也是政治仪式,因为犯人所违背和触犯的法律恰恰就是君主的意志,君主要宣示其尊严和权力,于是要在公开场合展示威权君主对犯法者(弑君者更是如此)这种"反面教材"的报复。公开处决的残酷性、展示型、暴力性、程序的精细性和力量对比的悬殊性淋漓尽致地表现出来,以便杀一儆百。极刑的全部残酷性在"通过报复犯人而补偿受害者"的"真理"中得到安顿。

但是,被处决前的犯人在游行过程中常常受到羞辱,这种游行本来是君主实施惩罚的延伸,但此种情形(游行过程中犯人受辱)由于可能导致种种蔓延的暴行而被禁止,于是民众"恍然大悟"了:我们被召来观看一场主旨在于恫吓我们(不要犯法)的场面。这样一来,民众可能表现出对惩罚权力的拒斥,骚乱就不可避免了。赴刑场的罪犯有了"将死"这个保护伞则可以对一切权威肆意亵渎,以至于毫无体统可言;另外,犯人视死如归的表现往往会博得观众的同情;更有甚者,当民众认为平民和贵族同罪不同罚的时候,骚乱更易发生。在那种充满变数的场合下,瞬间会出现暴力方向的巨大逆转,此种力量在不确定的情况下可能比君主所获得的力量还要强大,于是,公开处决的形式必须要变了。顺便说一下,今天的电视节目、报纸和网络媒体不厌其烦、喋喋不休地详细描述"犯罪行为"、审判的详细进展和对于犯罪的处罚,重案大案要案竟变成了"举止高雅者"的漫不经心的游戏,此情此景,以福柯的逻辑来讲即表明,往昔的公开处决虽然早就废除了,但与罪有关的恐怖却藏身于不动声色的所谓"高雅"之中,不确定的危险和强力控制从来没有被消除。

随着时代的"进步",公开处决的暴虐性和残忍性遭到抗议,报复的暴政会招致(新的)叛乱,而叛乱则会在旧有的报复框架中导致来自上层的暴政,这是十分危险的恶性循环。于是,改革者们呼吁道:刑事司法中的残酷的报复应该让位于惩罚。那么,惩罚的原则是什么呢?是以"人道"作为"尺度"(代替惨无人道的公开处决)?

18世纪的刑罚有所放宽,这一过程的背后似乎是对犯人的人性的尊重或人道主义的考虑,但它实际上来源于对更精细的司法、对社会实体作更周密的刑法测定的追求,是极力调整规范人们日常生活的权力机制之运作,是对原有的无规则状态的调整。刑罚改革者所批评的传统司法惩罚的"过分的性质"关联于某种无规则状态,该种无规则状态包括:特权横行,多种法律制度不一致并互相冲突,贵族的法律制度与国王的法律制度常常

不协调,法律根本就没有笼罩住整个社会。所以,改革者的主张
与其说是以人道主义的考虑代替当权者的残忍,不如说是要建
立权力分布合理的惩罚结构,拒斥那扰乱正常司法的国王的至
上权力,同时也要有策略地回应旧制度下有余地的"非法活动"
或"地下活动"("山高皇帝远"以及"潜规则"所暗示的那些非法
活动),回应这种有其系统性和结构性的根深蒂固的非法活动,
于是有必要制定新的法律,摆脱原有的多重混杂而不完整的惩
罚机制。这就是说,改革要破除国王的无上权力并管理民间权
力或地下权力的活动。

　　出路就是让权力安置于能在任何空间运作的属性相同的
"线路"上,让权力以一贯的方式可以约束任何社会体的最小单
元,让公权力连续而有效,让"惩罚权"保卫社会。这种强烈的诉
求使得对于非法活动的惩罚有规则地与社会同步发展,但主要
不是"人道地"减少惩罚(严酷性的减轻只是一个副产品而已),
而是要让惩罚更加有效,要让惩罚权力更有普遍性,从而深深地
"把持"社会。于是,方法普适化、技术规范化、精巧化、普遍化和
惩罚手段的统一化便提上了议事日程。于是,"再现式"的惩罚
诞生了,它不是公示的仪式,而是一种表示行为者一旦犯法就会
遇到巨大障碍的"符号",让观念"结对出现"或成对出现而发挥
作用。在这儿,一切社会行为都被编成符码,从而整个弥散的非
法活动领域可以得到操控,这是可适用于整个社会的经济而有
效的手段。这样做的原则如下:以身试法的观念与弊大于利的
观念纠结在一起,前者会符号式地再现后者;惩罚所调用的是痛
苦等的观念或表象(此表象即是再现);刑罚通过将痛苦浓缩为
一个观念或表象而对未犯罪者造成极强的效果,能在民众的思
想中制造最持久印象的量刑是刑罚中的首选;使得关于犯罪及

其可能获得的"好处"的观念与特定的刑罚及其鲜明的后果之观念勾连在一起,前者鲜明地再现后者;罪行的确定必须采用被科学和常识检验过的模式,不可违背一切"真理"的普遍标准,不可以不依据共通的证据;在法典中要对"所有的犯罪"进行详尽的明文规定,等等。这里是符号、话语和"结对表象"无处不在的"惩罚之城",是一个反复灌输符码而运作的领域。

于是,一种苦心算计的惩罚权力的学问出笼了。不再以公开处决中的最精细剧烈的痛苦作用于肉体,而是施用于精神或施用于一切人脑中传播着的表象和符码的游戏,这不是用有形的枷锁来捆缚被管理者,而是用思想的枷锁来管制人,这种设定"罪行法定"之范围、权衡各方、传播表象和再现符码、厘定证据判断标准、依精细变量而调节刑罚的"政治学"十分有效。

以上的模式只是把监禁看为刑罚的一种而未将其作为一般的惩罚形式提出来,不过,19世纪则开始了一种"让监禁涵盖介于死刑和轻微处罚之间整个范围"的模式。这种新的干预人体方式的监禁有何了不起的作用呢?它把人当做"抵押品"来扣押,它的目的是让被监禁者在未来重新恢复合格的正常人的身份,监狱成了一个(让人恢复已丧失的主体地位的)改造场所或"教养所"。这儿有防止罪行重演的面向未来的机制、改造实际罪犯和潜在罪犯的机制以及刑罚因人而异的特点。刑罚的作用不像以前了,它现在瞄准身体、日常行为态度和习惯的安居地——灵魂。当然,监禁的执行有其完整的训练时间表等等,必须排除第三方的干扰,具有必要的隐晦性、独立性和自决性,因为这里是"监狱"——惩罚权力制度化的标志。于是,在教养所式的封闭空间中,运用知识系统对犯人行为予以管教、强制训练和矫正的监禁的权力技术模式浮出水面了。此种模式在和其他模式的对比中能否胜出呢？

　　人体受到权力的控制，它在被塑造和被规训之后可能变得更灵活而健壮。那不断征服人体之各种力量并且力图得到驯顺-功利关系的方法可被称为"纪律"，它一方面使得体能变成能力和能量，另一方面则把体能的产生过程变成征服的关系，在能力的增强和支配的加剧之间建立了联系。所以，学校、兵营、医院和工厂等或先或后采纳了对人体进行具体干预的纪律模式，接下来，检查、监督和惩罚涉及到细节和微观层次，随之而来的是一整套方案。规训体系有如下内容：空间分配的艺术（制订"图表"，实施分区分类的有等级的"过滤"和有序化）；对活动予以规定和控制（对行动有程式化的要求，身体的运作在时段、效率和程序上都有特定的安排）；操练（按照时间表和"大纲"而进行规训）；编排力量（对基本单元进行协调整合而达到最大效果或力量组合的"战术安排"）。这样一来，被控制的肉体就具有空间分配化和活动编码化的特点，它具有（训练的积累和力量组合的"提取"下的）可分解的单元性、自然的有机性、创生性（筹划着积累时间和利用时间来创造）和组合性。

　　然而，此种背景下留给人们的便只有排列名次的旷日持久的竞争和没完没了的征服，人们一方面在寻找建设社会共同体的模式，另一方面加紧制定对肉体实施个别强制和集体强制的方法。同时，微观的惩罚涉及细枝末节而无处不在，这显示了对一切都加以注意和监督的"险恶用心"。层级监视展示了分层的、持续的和切实的监督，这样，规训权力成了内在体系，成了匿名的权力。规训手段——规范化裁决和检查——犹如天罗地网，从特定场合的仪式化、带有惩罚的纪律约束、缩小差距的监督、奖罚体制的运作、充满暗示的等级分配直到把对象客体化从而控制它的检查,从个体被引入文件(管理)中去的检查到每个人被"个案化"的文牍技术,这一切让人无所逃遁。它们通过分流和解析而把混杂的盲流"整理"成多样性的"个别因素"(有机的自治体等等)。

现代规训的体系特别像边沁的"全景敞视建筑",这是一个以瞭望塔为中心的环形建筑,环形建筑由各自分隔的小囚室组成,小囚室具有朝向瞭望中心的向心的可见性和隔离于邻室的横向的不可见性,这就分隔了观看/被观看的二元统一,囚室中人可被监视而不能实施监视,而在中心瞭望塔的人则对所有囚室的一举一动一目了然。此种建筑是一个监控室,还可以是一个进行试验、改造行为和规训人的实验室,也可以是一个能够监督自身的东西(巡查员一进入瞭望中心即将那里的机制和工作人员的尽职与否一览无余)等等。这种系统或工具可以用来改造囚犯、医治患者、教育学员、禁闭疯子、监督工人、强制游惰者及乞丐参加劳动等等,所以,它的精神实质注定要遍及整个社会!正如福柯所说的那样:"凡是与一群人打交道而又要给每个人规定一项任务或一种特殊的行为方式时,就可以使用全景敞视模式。"[1]实际上,这种全景敞视主义的规训机制在 17 世纪和 18 世纪慢慢扩展至整个社会,于是,规训社会形成了。在规训社会中,全景敞视主义机制无孔不入地渗透至其他规训方式之中并使权力效应抵达一切最细微最偏僻的角落。爱德华·斯诺登于 2013 年所披露的美国的"棱镜门"事件业已从侧面反映出当代规训机制加诸人身上的无处不在的监视。"温和的输入—

---

[1] 福柯:《规训与惩罚》(修订译本),刘北成、杨远婴译,生活·读书·新知三联书店 2012 年版,第 231 页。

运行—产出或输出"的模式替代那老掉牙的"征用—暴力"模式。现在,在无限期规训成为刑罚目标的当口,在没完没了的检查面前,在不断录入新内容的卷宗面前,在根据不可企及的规范来测定差距而又尽力迫近该规范的程序面前,在正式的编年资料的存档和强制式劳作的实施面前,在维稳的安全部门面前,在一系列的监视和登记机制面前,在密如蛛网和风雨不透的平时"考勤"和年终"等级考核"面前,监狱、工厂、学校、兵营、医院之间似乎没有本质区别,社会的缩影即是监狱,整个规训社会像是一座大监狱。

那么,欲对人予以改造的监狱究竟是失败了还是成功了?失败了。它除了没有降低"犯罪率"之外,还必然地制造"过失犯"——因环境不好和性格有问题而具有犯罪倾向的人。原因何在呢? 监狱给囚犯强加了一个坏的生存环境,即滥用权力的监狱管理形式、受苦且自感冤屈者对于一切官方人员的敌视、对犯人的劳动予以剥夺的"教养"、强制性的限制、监狱围墙内犯人之间的沾染江湖习气的"社团"等等,这不是在"教"人"学"坏吗!这里的深层原因在于,监狱总是在不断地区分、分配和利用违法行为,它没去消灭违法行为而是在扩充一种一般的征服策略,监狱的惩罚为了控制非法活动似乎要使用某种"惩罚—再生产"的机制来界定和打击某种特殊时空条件下它极易捕获(而且又符合形势斗争需要)的非法活动。

刑法领域之外的一系列机构所组成的"准监狱群"把监狱中的技术从刑法机构扩充到整个社会,于是,正如监狱的职能之一在于惩罚过失犯,但大部分过失犯恰恰是在监禁中由监禁本身制造出来的一样,"准监狱群"本欲预防违法行为,而大部分违法行为恰恰是在现代规训中被制造出来的,它好像用一只手把将被另一只手抛掉的东西"捡"回来。正如监狱使得监禁得以无限延续而非终结它一样,弥漫于"准监狱群"的现代规训和惩罚机制没有真正预防和制止违法行为,而是在纵容它!被纵容的违法行为又反过来"证明":应该有惩罚的权力存在(否则该如何"面对"那些违法行为呢?),惩罚权力是合理的、正当的和自然的。下一步呢?被纵容的违法行为反过来要求现代规训和惩罚制度的继续存在和继续扩张!结果无可逃避地表现如下:为了规训而规训,为了惩罚而惩罚。手段成了目的,社会就是包括监狱在内的"准监狱群",并且还越陷越深。"人"似乎成了权力魔爪下的玩偶。

第四节 社会关系的基础

就肉体或身体而言,它一方面拥有自身的力量或"强力",亦即趋向于扩张和变革的欲望和意志力;另一方面,社会领域把权力加诸身体,身体被权力的网络所控制,身体只是权力网络中的节点或交汇点,它与其相邻的人或物之间有着微妙的关系。加诸身体的权力是政治性的,福柯的"政治"早已超出阶级关系等范畴,在同事关系、上下级关系、师生关系、战友关系等之中都可以见到"政治"。于是,身体自身的强力就与(规训身体而令其遵命活动的)加诸身体的权力处于斗争之中。与涉及国家主权的斗争相比,与国家机构相比,身体的强力跟加诸身体的权力之间的斗争似乎显得微不足道,但它一直在侵蚀那些重大形式,改变其机制而实施自己的程序,法律机构也不能避免这种明目张胆的侵蚀和改变。正如福柯所说的那样:"保障原则上平等的权力体系的一般法律形式……是由我们称之为纪律的那些实质上不平等和不对称的微观权力系统维持的。"①紧接着,他指出:"真实具体的纪律构成了形式的和法律上自由的基础。"②身体的强力跟加诸身体的权力之间的无时不有的持久斗争就是社会关系的基础。这不禁让人想起古希腊一位哲人所说的一句话:斗争是万物之父。

当身体的强力冲决加诸身体的权力之时,知识(源于力量和被力量驱动的体系、生产、配置、操作力量的体系)就通过塑造各种形象而管束身体;当权力过分压制身体时,知识便以各种名义来抵抗加诸身体的权力。知识的这种对于权力和强力的干预为"科学"对权力和强力的研究提供了平台,为社会关系的"平稳"提供了平台。

---

① 福柯:《规训与惩罚》(修订译本),刘北成、杨远婴译,生活·读书·新知三联书店 2012 年版,第 248 页。
② 同上。

第三章　鲍德里亚

　　鲍德里亚的相关考察可以从"语言"中的"诗歌"入手。诗歌就像象征交换——人与人以及人与自然之间以一定的东西为媒介的双方的授和受、获得和回报的可逆的社会关系——那样,调动并运用素材库以至于将后者"用尽",符号的内在可逆性表明语言以迂回的方式"自我消费",于是有易位书写——文字性循环(可逆性和散播)的、符号被解构和再现被解构的、语言的象征操作。自我消费的语言达到了结构维度的"自主化",于是就有"价值的结构规律"[①],诸符号"不和真实交换",而只是进行相互交换(仿真)。在这里,符号获得了"彻底的"解放,它不再指称"某物",随意性和不确定的游戏毁掉了以前的"价值的商品规律"[②]。由此,鲍德里亚宣称,就生产而言,其内容中的一切目的被毁了,原来意义上的生产"终结"了,不特如此,鲍德里亚后来竟然宣称:现实也不再存在。作此宣称的鲍德里亚究竟是玩耍儿童魔法的游戏者还是说破秘密或道破玄机的思想家? 抑或二者都不是? 他那辽阔诞漫、"虚虚实实"的作品究竟道出了什么

---

① 语言和符号怎么和价值乃至价值的规律联系在一起? 原来,语言或符号可以跟不同的事物相交换,也可以和同类者相交换。由于交换,语言和符号跟价值乃至价值的规律相联系。

② 符号只和符号联系而不再与"某物"相联系,相应地,物之交换跟符号"无关",诸符号的交换"只在"符号系列或符号本身的层面上进行,此种"环境"不具备"价值的商品规律"运行的条件。

样的信息？

第一节 对当代消费社会的批评性考察

马克思的劳动价值论提出了劳动的二重性的学说，具体劳动创造使用价值，而抽象劳动创造价值，即凝聚在商品中的无差别的人类劳动，另有与使用价值紧密联系的"交换价值"（不同的"使用价值"相交换的量的比例或关系）。鲍德里亚则提出了所谓的"符号价值"，这种价值属性乃是"商品"给消费者带来的地位感、尊荣感和高贵感等等。对于符号价值的追求构成了当代社会的内在逻辑——地位逻辑或差异的逻辑，于是乎，符号消费大行其道。若说以前是生产决定分配、交换和消费，消费品的数量和消费方式都要受生产的制约，那么，"物质极为丰富"的当代社会则为"消费主义"的盛行提供了便利。消费渗透到了生活的任何细节之中，似乎一切都成了消费的对象，从深山老林里的泉水到专门量身制作的服装，从名人的隐私到度假村的娱乐，从民俗表演到服务员的微笑，消费已经布下了天罗地网。广告媒体不断刺激人们的不太真实的相对需求，刺激人们的占有欲，亦即刺激人们对于商品的符号价值的追求，不再是生产什么就消费什么，而似乎是消费什么就生产什么，消费成为拉动内需、刺激再生产欲望的动力和强大杠杆。人们购买东西，主要不是出于对它的纯粹使用价值的欲求，而是为了获得一种区别于他人的差异，或者是为了消费所带来的快乐、满足和虚假的自由感等等。由于受到商品的符号价值的控制，人们已经被形形色色的"商品"所包围，人们的生活节奏受到商品更新换代的节奏之影响，商品消费影响着"所有人"的行为并形成一种难以拒绝的氛围。

倘若仅仅是这样的话，那也许没什么稀奇，更进一步的是，鲍德里亚还认为：物品供我们消费这回事的根子在于物品必成为符号而被我们消费其"符号价值"，为什么呢？正如上面所说的那样，鲍德里亚把"符号价值"凌驾于"使用价值"之上。消费社会中的"物品"的意义取决于不同商品或符号之间的差别。符号越来越倾向于表示符号 a、符号 b、符号 c……之间的结构性的关联，而非符号 a 与实物 A 的关联、符号 b 与实物 B 之间的关联、符号 c 与实物 C 之间的关联……而且符号的结构维度已经独立了，已经自主化了。于是，对于顶级高档商厦中的一只"要价几十万元的品牌手提包"来说，这里所呈现的乃是名牌包（其材料、制作费、运输费、管理费等的"总和"远远小于其标价），它是和名牌表、名牌车、名牌服装以及名牌首饰等发生符号性关联以及结构性关联的东西，其参照价值（其材料、制作费等"横向"的"价值"）被价值结构（名牌表、名牌车等名牌物之间的横向的"名牌关联"）的游戏破坏了，就是说，现在的品牌手提包是消费大潮中的起着表明身份和地位等的名牌符号或名牌/符号。人们在消费商品时也在消费符号，商品各从其类，不同的类型对应着不同的"符号"，每个人或每个群体似乎都在寻找和投合其所适合的位置，当你消费某某商品时，你就是在表明你跟消费同样商品的人类似，还跟那些消费着其他类商品的人不一样；同样，经常在顶级高档商厦购物的人彼此"类似"，并且和那些经常在小摊小贩那里购物的人"不一样"。关于这一点，乔治·瑞泽尔对鲍德里亚的评点是比较露骨的："人们（在很大程度上）就是他们所消费的东西，人们就是以他们所消费的物品为基础而将自己与其他类型的人相区别。与我们的直觉相反,我们所消费的不是物品,而是各种符号。"①在此种分类和分化的消费过程中,当你认定了你属于哪一"类"的时候,这个"符号"就"同步地"或明或暗地引领你消费什么以及不消费什么。

确定了"物品供我们消费这回事的根子在于物品必成为符号而被我们消费其符号价值(伴随消费而来的地位感、尊荣感和高贵感等等)"之后,鲍德里亚的逻辑就是,我们购买所需物这回事就来自于"符号世界中的符号告诉我们应该购买如此这般或如此那般的东西",需要本身乃是被符号所"决定"的,平常所认为的消费与需要的满足之间的内在关系被"切断"了;进而,消费就是对于"可供消费的物品—符号"的占有,于是它只与自主的符号结构有关系而跟"现实"没什么关系。如此看来,购买普通自行车和购买价值千万元的豪车的两个人(主要)不是在购买交通工具,而是在"购买""普通自行车"和"豪车"分别向人们呈现出来的某样东西——如此这般的身份标志等等。

于是,在某种意义上,这个消费社会的真相乃是消费观念或符号的消费观念之横行,"消费英雄"被关注,名人为商品所代的言也常常是每个人潜在的想说的话,因为无数人总在想方设法地模仿名流。"拜消费教"终于原形毕露:以尊宠的乌托邦中的地位(或"身份标识")来刺激大众拼命地消费——无论他需不需要。培养各种各样的购买狂和消费狂,以便攫取和榨取更大的好处,这是市场之怪现状。

---

① 乔治·瑞泽尔:《后现代社会理论》,谢立中等译,华夏出版社 2003 年版,第110 页。

第二节　政治经济学

一、鲍德里亚对马克思的政治经济学的定位

　　在马克思那儿,生产具有决定性,生产力即是人们改造自然和征服自然的能力,它决定生产关系,而生产关系之总和决定上层建筑,生产劳动是价值的来源,劳动人民的生产实践是历史发展的动因,就算在被设想的"共产主义社会"里,劳动也是生活的第一需要。这样看来,马克思是在用"生产"说明一切,生产好像一面"镜子",社会的主要方面、历史的根本脉络和人们全都被反映在这面镜子之中。在将人视为生产者的基础上,马克思倾向于让人相信,资本主义社会的劳动者是由于(在特定的生产资料所有制关系中)被迫出卖劳动力而被异化的,但是,鲍德里亚却认为,作为劳动者的人(在出卖劳动力之前)已经是被异化了的。那么,就鲍德里亚而言,未被异化的人是什么样的呢? 是处在象征交换中的人。

　　象征交换(symbolic exchange)乃是人与人、人与自然之间以一定的东西为媒介的双方的授和受、获得和回报的社会关系。它是以礼物交换为典范的、互惠和可逆的交换行为,交换中的东西不具有通常所讲的使用价值和交换价值(比如互换的礼物往往不是金钱所能衡量的),被交换的东西跟交换双方的关系是如此的不可分割以至于它直接表示交换双方的社会关系,被交换的东西之功能在于何处?"象征"人。这样一来,在象征交换的背景下,人和物品、主体和客体之间没有截然的界限,而资本主义社会的异化恰恰体现了人(劳动者)和物品、主体和客体之间的完全的分别和冲突。正因为如此,鲍德里亚认为所谓的原始

社会、奴隶社会和封建社会根本不同于资本主义社会的分水岭在于是否处在象征交换之中，资本主义社会不处在象征交换之中，其他则否。无论是原始社会中的"牺牲"和"神佑"，奴隶社会中的义务的互惠，还是封建社会手工业中的生产者和消费者的统一性，都以象征交换的秩序而区别于资本主义社会的符号秩序（符号秩序是异于"symbolic order"的"semiotic order"），亦即区别于"人安置在被交换物的关系之中的、人之地位取决于物"的模式。

可见，鲍德里亚并不认为马克思的政治经济学对资本主义的分析有助于了解前资本主义社会——哪怕是奴隶社会或封建社会。他否认了关于人体解剖是猴体解剖之钥匙的说法，否认了低阶段社会形态的潜在预兆在高阶段社会形态被发现之后可以更好地被理解的说法。那么，在当代，马克思的政治经济学对资本主义所下的暗示性的药方是否被鲍德里亚所肯定呢？鲍德里亚认为前资本主义社会所具有的象征交换之所以被破坏了，不是因为有了资本主义私有制，而是因为有了"符号系统的全面控制"，符号（signs）被社会化了，但是，符号只走自身分化的轨道和模仿（符号对符号的模仿）的路子而全然不顾"实体和实物"，社会领域出现了符号消费的总动员，消费再生了资本主义系统，被剥削者远远不限于无产阶级，统治形式乃是符号之统治，所以，解救的药方涉及"符号系统的革命"，鲍德里亚回避了马克思的政治经济学所暗示的对社会弊病予以治疗的方法。

二、生产劳动的"终结"

鲍德里亚所讲的生产并非我们所说的从初民时期一直到今

天的劳动实践,他指出:"在西方,生产这一形式是和商品价值规律的陈述同时出现的,也就是说和政治经济学的统治同时出现。"①在商品流通、商品价值规律得以运行的条件下才有"生产",看来,鲍德里亚和我们使用"生产"这个术语的时候,各自给出了不太一样的界定,所以,当他在某种情况下宣称生产终结了的时候,我们也不必过分惊讶。

商品价值规律起作用之前的物品流通可由"象征交换"来宽泛地予以描述,那时运行的是异于商品价值规律的"价值的自然规律"。在封建秩序解体的时候,有限传播的强制符号走向了终结,每个符号都明确指向一种地位的时期已经结束了,符号等同于种姓、氏族或"个人之间义务"的时代过去了,所有阶级都无禁忌地进入符号的游戏,人们随着这个变化进入了"仿造"的时代。符号是按需增生的符号,它是"对原型的仿造"②。在文艺复兴时期,随着人们对"自然"这本"大书"的阅读,仿制品大量出现。人们欲弄出仿造的自然,以"仿大理石"模仿各种材料而造出各种东西,以至于仿大理石成了代表性的"一般的等价物"。这种作为仿造的"第一级仿象(simulacrum)"是符号的游戏,这同时也意味着某种特性,即以统一的机构仿造出统一的效能,以此证实统一控制的设想。

接下来就有以"机器人"的出现为范例的第二级仿象——生产,机器人跟人建立了"等价关系",人被作为"等价物"据有,这里没有表象,有机器和机器的劳动,有操作的逻辑,有机械的效率,人类也像生产系统一样"疯长",价值的商品规律起作用了。新一代的符号和物体被大规模地生产,还可以一直生产下去,生

---

① 鲍德里亚:《象征交换与死亡》,车槿山译,译林出版社2012年版,第8页。
② 同上书,第72页。

产代替曾经的"仿造"而插入仿象系列,在这样的技术控制的生产之中,批量产品内部不存在谁具有优先性的问题,不存在原型和仿造的关系,因为产品是由独立的技术设计控制的可以通过复制而让原件成为双份乃至更多份的东西。共源于技术模式下的产品之间存在着所谓的"等价关系"。要紧的事情只不过就是"再生产本身"了,生产目的迷失于技术控制的系列复制之中,只有纯粹的源于技术的系列生产。

接下来的就是模式生成("参照的能指"的生成),输出端的东西都从"模式"散射出来,所以,任何东西皆出自模式而没有自己的目的,这里是"第三级仿象",亦即仿真(simulation),工业化竟被鲍德里亚看作是仿真的初级形式。价值的商品规律被价值的结构规律取代了,对于后者而言,正如钱币可以不去("纵向地")交换某种有价值的真实货物而是进入无限的脱离了生产的转账投资或投机一样,正如钱币作为账面上的货币符号而运作一样,正如钱币被放入货币系统中各项目的关系网中一样,所有的项目或符号脱离了指称某物的义务而获得了"自由",可以自由地按随意性和不确定性来组合。整体相关性(符号网络中的各项有其相关性,同时内在于总系统而"在纵向上"脱离实物)、普遍交换(横向的"符号际性")和组合占了优势地位,生产因"模式生成"而失去目的之后就像"符号"一样运转。

现在有一个大的劳动系统,其间的诸岗位可互换,人在其间被定位,被固定在大系统内部而无法逃逸,无论是身在工厂还是学校,抑或处于培训机构中,人的兴趣、人的精力、人际交往、热情甚至对于劳动的拒绝本身都一同被纳入劳动系统中的机器,个人就像网络中的微小的终端一样,人被"收容"了,人被给予一个"合适的"岗位,劳动力不再被"雇佣",它"自我交易"或"被迫自我交易",看来,生产与消费系统融通了,连在一块了,进而,劳动或生产跌入消费的领域,它们显示出了不同于传统曾经赋予的意义。

现在,我们发现,死的机器劳动日积月累,然后通过"模式生成"吸收了活的人的劳动,劳动可与其他不是它的因素相交换,以至于劳动不再与自己的对立项目——比如自由时间的活动——相区别,因为自由时间的活动跟劳动一样也是同样的动员,亦即被编排、被指派、被要求行动。

当生产性劳动和消费以及交流等相替换的时候,当它们之间的区别消失之后,当生产性劳动和自由时间的活动无区别之时,这表明整个社会都呈现出"大工厂"的面貌,劳动已经达到了它的完成形式,迎来了自己的"末日"。商品价值规律运行中的生产或劳动无法在商品结构规律运行的环境下"以原来的方式存在"。劳动和其他各项之间进行着剧烈的(符号运转般的)替换,劳动不再与它的对立者有区别,那就当然不再有传统意义上的劳动,过去所说的"劳动"就终结了。

三、劳动"终结"的后果

在这种情况之下,劳动不维系于确定形式的生产,工资成了服从资本游戏规则的东西。如果说工资从前是劳动力再生产的手段,那么,现在的劳动者则是在一般化的劳动中再生产自己的所有生活(社会乃是一座"大工厂"),工资让"生产者"促进金钱的流通从而进入投资的再生产过程,工资让"生产者"成为财物和身份地位形象的购买者。于是乎,工资的要求就由关于生产者条件的谈判转为改变生产者地位的谈判,"劳动者"现在以近似于非生产者的身份出现,这是整个社会指派给他们的,是社会让他们成为这个样子的,因此,在工资问题上的"漫天要价"也是毫不奇怪的。

当生产和消费不再有自身确定性的时候,货币进入了投机和通胀,货币与生产脱节,可以变成电子账号上的进行无节制投资或投机的"符号",而由于金本位功能的丧失(黄金早就不再与国际通行的货币挂钩),通货膨胀基本上摆脱了约束者,货币在极端情况下成了发行、转账和记账的游戏。"热钱"则像机敏的猎捕者一样到处巡游,而国际投机货币更是以无与伦比的速度巡游,它所发动的进攻可能毁灭一个国家的经济。金本位的终结带来参照体制的垮台,货币只是在巡游、联接、分离、转移,就像不再指向任何"现实",而只是与其他符号发生关联的那些"符号"一样。

曾经为争夺经济利益和政治权益的、由工会发动的罢工也面临其"终结"。不被工会代表的边缘群体与资方进行斗争,而工会参与进来之后,人们(包括整个工人阶级)发现,工会往往只代表它自己,工会对于代表权的垄断使得工人阶级开始放弃"以工人的名义来发言的"代表性体制。工会领导、代表、负责人、发言人等被社会权力异化了,他们有意无意地独占代表权,于是,传统意义上的工会终结了。失去真实动机、失去明确目标和失去政治参照的罢工不再影响政治权利和政治关系了,在资本的自我重新分配下,只存在着"为罢工而罢工"的无谓的反抗。

对于代表制的不信任导致了所谓的自主管理或全权负责的亲力亲为,然而,"劳动者"除了怠工和旷工之外,既不起来斗争,也不好好工作,对工资和晋级等漠不关心,不守时,漫不经心,劳动纪律丧失殆尽,这不正是以前殖民者对"低人一等者"的批评吗!现在,西方"无产阶级"却似乎正向这个方向"前进"了,颓废了,堕落了。

　　鲍德里亚还把制造业的机构看做是制造业的监禁,声称先是理性化的社会监禁着异常者,然后把监禁扩展到整个社会(在这一点上他与福柯十分相似),很多人在此大背景下成为"工人"。鲍德里亚出人意外地认为,工人不是作为被剥削者和被掠夺者的时候,工人作为被歧视者的时候,工人作为资产者眼中的疯子和动物的时候,真正的"阶级斗争"才会出现。但很遗憾,这种形式的"阶级斗争"至今还没有出现的迹象,因为"劳动者站在资产者一边……"①马克思主义意义上的阶级斗争被鲍德里亚给"抹去"了。

　　"传统的生产"由于模式生成而在仿真层面上无限延伸,所以它过渡到了纯粹的再生产,人们向再生产的劳动者的地位看齐,人处在循环性的运作之中。

第三节　"超现实"和应对策略

　　当符号仅仅跟其他符号发生关联的时候,符号的意义就只能在符号之间的关系中才能呈现出来。这种情况下,符号像脱缰野马一样一味地增值,存在着的就是符号之间的相互模仿,符号秩序本身造就了没有指涉物的"超现实"(hyperreality),其涵义为"比现实还要现实",正如一位研究者所说的那样:"在这种超现实中,事物与表象、现实与符号的对应关系已经不复存在了,存在的只是没有原型而互相模仿的各种符号和模型:原来意义上的'现实'(……自然、人和产品)已不再成其为现实、不再

---

① 鲍德里亚:《象征交换与死亡》,车槿山译,译林出版社 2012 年版,第 36 页。

是模仿的原型,符号秩序本身就是现实且此外别无现实"。① 超现实和高科技下的自动控制、模式生成、信息技术下的差异调节以及现代传媒技术下的反馈和问/答有内在关系。

在"参照的能指"的不断增生中,只存在着无具体所指的、根据时尚来自我调节的诸代码(codes),代码所把持的社会控制代替了通过目的而达到的社会控制。每个物体和每条信息都在按照程式给出特定的看问题和分析问题的空间之中,新闻或电视广告莫不如是,它们好像在为你服务,实际上是在测试你,因为它们已经是某种选择、某种拼辑、某种预定和某种聚焦的"结果"! 它们提出各种各样的问题,把现实肢解为若干要素,又把诸要素组合成"升级了的信息",恰好就像理财师把"形势"、"原理"、"技巧"、"方法"输送给自己的客户并声称这是(目前的)最好的抉择一样。经过这样的折腾、纠缠和调试,"现实"同时按照这个模式来测试我们大家,后者则依据相应的代码回应现实,此种代码在现实中录入每条信息和每个物体,尽力做到无所遗漏。就在如此这般的无休止的记录和解码之中,就在这样的仿真(再现系统之间的互动)之中,已经无法区分现实和幻影(illusion),因为现实和幻影都是"参照的能指"所生成的秩序,这即是说,它们的对立消弭于"参照的能指"所生成的秩序之中,消弭于仿真的无休止的增生之中。于是,"超现实"统治一切。

相应地,社会控制上的突出表现是"测试、问/答、刺激/反应"的形式充斥各处。在不问你暂时有没有需求、不问你需求多少、也不问你需求之种类的情况之下,就已经排山倒海地涌来了大量的信息,问题在吸收"答案",测试就像导弹截击飞机一样拦

---

① 夏光:《后结构主义思潮与后现代社会理论》,社会科学文献出版社,2003 年版,第 292 页。

截回答。就算在所谓的"全民公决"那里,也只不过是貌似有"参照"罢了。与之有关的"电视辩论"、选举民意测验或民意调查等基本上作为问/答呈现在面前,庞大而复杂的交流系统被清洗为问/答这种不断测试的信号系统,答案的范围预先被设定好了。如果有全民公决的话,那最后收场的全民公决作为最后通牒来实施类似单向性的、强加意义的"清场"。由此可见,进入问/答的信号系统、进入传媒轰炸和民意调查之游戏中的"政治"失去了自己的个性,选举让相应的"政治参与"成为截获答案的体制,普选的本质几乎就是大众传媒(及其狂欢)了。所有人都对公众舆论这种"中介和信息"进行"再生产",于是投票中的票数统计已经被遥遥领先的大众舆论的"再生产"操纵了,真正有创意的答案早就被埋没和扼杀在喧嚣的暗中受控的"中介性信息"之中了。就拿轮流坐庄的两党执政模式来说吧,轮流执政乃是"两极跷跷板的游戏",两极之间的微小差距可以有效地捕获公众的"共识",两极之间还可以互相变相地吸收对方的拉拢手段和话语以及目标。于是,在这个"操作的剧场"(跟培根说的"剧场假相"似乎有某些类似之处)之中,投票者的选择之自由在本质上受到两极结构的制约,轮番炒作之后的最后投票具有戏剧性的随机样态,赞成双方的人数常常很接近,正如鲍德里亚所说的那样:"投票酷似粒子布朗运动或概率论,就好像是大家都在盲目投票,就好像是一些猴子在投票。"[①]投票者可能的好创意在投票开始之前已经被各种程序过滤掉了,走向投票机之前的人或许有其个性和创意,但在他或她走向投票机的过程之中就不断地承受各种信息的"轰炸"和影响。走近投票机的几乎就是行尸

---

① 鲍德里亚:《象征交换与死亡》,车槿山译,译林出版社 2012 年版,第 90 页。

走肉的人了。辛辣的讽刺表明此种情形下的"民主"没有什么值得向往的地方。这种情况也正如乔治·瑞泽尔所说的那样："（在鲍德里亚那里——引注）大众只是被考虑为一种统计上的范畴而不是社会集合体。"[1]活生生的大众竟然不被从社会集合体的维度上来考虑，这无疑是颠覆性的。

超现实——纯粹的符号与符号之间的模仿——是没有原型的世界，是仿真所确定的被现实之缺席所界定的"新现实"。在这里，人没有自主性了："我们是……阅读元件。"[2]人是享用繁杂信息的"酒囊饭袋"，是电视广告、网络广告和手机广告等的傀儡，人不是什么"主体"了，看来，人也必须放弃改变世界乃至经天纬地的"白日梦"。那么，有没有应对策略或出路呢？

根据象征交换的理论，各方之间授和受、获得和回报是可逆的，万一出现"不可逆"的情况，则在最后会出现崩解。这就是说，哪怕是代码控制的系统也不能脱离象征性的责任，于是，对于代码统治系统的摧毁就是给它一个它"无法返还的回礼"。

给出一个无法返还的回礼？途径之一竟然是跟现代社会之死亡不同的"作为象征交换的死亡"，这是将生命作为礼物付出去的、不存在回报之可能性的策略。然而，人们应该清楚的是，死亡乃是不可更改的定数，所以，鲍德里亚的这种策略似乎只是表明"我的策略乃是我没有策略"，这是策略的"反讽"。

出路之二就是采纳随世沉浮、顺应服从的宿命的客体策略，这种策略就是静候物极必反之裂变的到来，当代社会的逻辑若是推至极限就会转变为某样新东西，当今社会就成了过渡性的

---

① 乔治·瑞泽尔：《后现代社会理论》，谢立中等译，华夏出版社 2003 年版，第106 页。
② 鲍德里亚：《象征交换与死亡》，车槿山译，译林出版社 2012 年版，第 83 页。

东西。顾名思义,此种所谓的客体的宿命策略也是给出一个"无法返还的回礼",即不计后果的消费,这是一种遇到什么就消费什么的奇怪的道路,这是"无所逃遁于天地之间"的水晶般透明的"报复"。这种策略谈不上高明,因为"见到什么就消费什么"的策略恐怕连普通的商家都斗不过,当然也斗不过那些疯狂推销商品以攫取高额利润而永远不知止息的跨国公司,遑论其他更加难以应付的对手。鲍德里亚的这个策略其实只是策略本身的反动和策略本身的解构罢了。

　　鲍德里亚的关于对"符号价值"予以消费的理论虽说有某方面的合理成分,但是却罔顾了人们的商品消费的多层次性,给人以"只攻一点不及其余"的印象;他以"符号统治"来取代"生产资料所有制的统治"的作法有形式主义之嫌;至于涉及"生产终结"的相关理论恐怕只是表明他讲的"生产"不同于以往的生产罢了;关于"超现实"的有关说法恐怕只是对层层寄生于原型之上的东西的讽刺。看来,鲍德里亚既不是玩耍儿童魔法的游戏者,也不像是说破惊天秘密或道破玄机的人,他是一个对当今社会之某些弊端(比如以个别的价值目标妄代人类价值整体而踏上不归之路的偏误等等)予以揭露的严厉批判者。

第四章　德勒兹

　　德勒兹的思想游移不定，很难被贴上一个标签，他反对整体性、反对中心主义、消解传统的对立、反对规范的特权，主张多元性、差异性和游牧范式，主张搞所谓的"精神分裂之分析"等等，依此看来，他是一位和后现代主义脱不了干系的思想家。德勒兹并不像很多其他思想家那样宣判哲学终结了，而是暗示人们不能放弃哲学，不能放弃"创造新概念"的哲学活动。

　　德勒兹提出了一些特别的概念，如抽象机器、配置、解域和层。它们不取物理学和地质学等等之中的用法：抽象机器是物质—功能的加固的聚合体；配置或表现为内容的节段和表达的节段，或表现为去层化的力与功能；解域是某人或某物离开界域的运动；层意味着"内容的形式和实体"跟"表达的形式和实体"所构成的节段性的多元体。这几个概念可以构成德勒兹之社会理论的主要词汇[①]，而"语用学"则贯穿着这些术语："在陈述及其符号化'的背后'，只有机器（在此指抽象机器，引注）、配置、解域的运动，它们贯穿着多种多样的系统的层化……"[②]语用学的

[①] 这几个概念之中有"层"和"配置"，它们都是"线"的复合体。而"线"当然不是数学中的线，而是指形成或毁掉某个共同体、集体或个体的空间、物质和心理要素。"线"这个概念已经能够比较独立地触及社会理论的各项内容，更不用说"层"和"配置"了。

[②] 德勒兹、加塔利：《资本主义与精神分裂（卷2）：千高原》，姜宇辉译，上海书店出版社2010年版，第205页。

运作可以通过抽象机器、配置、解域和层化而抵达实际问题,跟随形式的连续展开和内容的不断生成等等,社会理论的问题之分析在德勒兹这儿可交由他的"语用学"来完成。

第一节 生 命

生命处在不断的生成过程中,每一种艺术创造、科学活动或哲学活动本来就是生命的事件和"形变",而这种形变则以独特的方式改变着生命。哲学作为"创造新概念"的普遍力量,它承认生命的形变,它把新形式烙于生命之混沌,它理解生命的本真的可能性。哲学如何在"现实"中开辟道路呢?现实没有固定的秩序,哲学概念就是以创造新问题和新环境的方式能动地为现实"创造"秩序,而非以表象模式或意见模式来进行归纳和普遍化。可见,哲学扶持生命,扶持这个独创性地让自己的潜能最大化的生命-过程。

生命作为整体而包容着三种力量:科学、艺术和哲学。生命创造出非个人之官能的力量,这一点由科学来体现;生命创造感觉和情感的力量,这一点由艺术体现;生命创造概念的力量则由哲学来体现。在理解生命的时候,可将其与"机器"相对照。机器在某种意义上只不过意味着它的关系,生命亦然,机器和人体联系起来之后得到的"输出"和产品只有在二者的联系中才可被获取。人体在和不同的机器相联系时会出现不同的结果,生命必须在和其他机器相关时才有意义,它不是固定的和间断的点。

生命意味着感情互动,而身体则是在时间中被生成的,于是有了感情或生命的历史,也有了感情或生命的政治。某某人三

岁或八岁时的生命和其本人九十岁时的生命都是"生命"。这里
有"生命"的"重复",但这是差异的重复,它不断地肯定生命的独
创性的差异。

第二节　资本主义社会和精神分裂之分析

德勒兹所讲的欲望不是消极的,它是建设性的,是座机器,
可称为"欲望-机器"。欲望通过和其他欲望的关联而让生命得
以提升,而欲望跟其他欲望的联系和联系的后果则构成了社会
共同体。欲望类似于"开工"和生产的过程,一组躯体联系起来
扩大其力量,这就是欲望,它是存在于彼此的关系之中的力量,
而人的身体仅为接受欲望的工作器,作用于身体不同部位的欲
望会产生不同的结果,如食欲、权力欲等,欲望的利益最终产生
出共同体。

资本主义通过大工业的机器以及微电子产业的机器翻开了
历史的新的一页,于是,在感情或生命的历史和政治中出现了新
情况。资本主义在历史上起过非常革命的作用,它通过点燃"欲
望-机器",通过生产过程而形成了极为强大的能量,它摧毁了前
资本主义制度对人的束缚。然而,资本主义建立的现代国家、现
代家庭和现代交往方式及其以"自由、民主和博爱"为旗号的意
识形态却压抑了欲望的扩张,压制了欲望-机器。这表现了资本
主义的"两面性",其积极的方面乃是精神分裂状态,它类似于
"欲望-机器"的运行,而其消极的方面就是对精神分裂状态的压
制和所谓的"疗理"。

德勒兹的言外之意很明显:天生就在进行生产的"欲望-机
器"不应该被资本主义压制,对资本主义进行革命的力量就是

"正常地"处于精神分裂状态中的人。出路在于进行精神分裂之
分析,这也正如乔治·瑞泽尔在谈论德勒兹和加塔利的对策时
所说的那样:"我们需要做的,是使社会整体和无意识的个体'精
神分裂化'。"[①]首当其冲的就是打倒弗洛伊德的有关学说。弗
洛伊德等人强调所谓的"俄狄浦斯情结",这个固定的模式意图
统治家庭的生活经验并想垄断一切欲望的来源,凡是有意无意
地被俄狄浦斯化了人,都被弄成需要诊疗的"患者",其后果就是
人有偏执狂倾向,人变得渴求法西斯主义,亦即渴求"欲望向着
权力的凝聚",渴求权力欲望的集中,正如德勒兹和加塔利所说
的那样:"群众没有受骗,他们欲求法西斯主义……"[②]此种"头
脑"中的法西斯主义的危害是不可小觑的,它至少为法西斯体制
的现实化提供了可能性。所以,弗洛伊德等人的学说潜藏着坏
的结果。

相应地,德勒兹对"无意识"的看法异于弗洛伊德。其实,无
意识对人的身份和地位有一定的指涉,甚至比如梦中的人物也
有其社会特征和民族特征,梦中的事件也往往超出隐私而呈现
为公共事件(如社会运动)。弗洛伊德等人所主张的"意识的结
构由俄狄浦斯情结所占据"的观点根本就不符合"下意识"的特
性。欲望-机器有其无限扩张和彻底否定"一切"的倾向,这是精
神分裂状态,对它的分析就是精神分裂之分析[③]。

精神分裂之分析其实就是对"潜抑"的破坏以及对欲望生产

---

① 乔治·瑞泽尔:《后现代社会理论》,谢立中等译,华夏出版社 2003 年版,第
　177 页。

② Deleuze and Guattari, L'anti-Oedipus, Minuit, Paris, 1972, p. 37.

③ 这里的精神分裂之分析是德勒兹的"语用学":语言中的对形式之连续展开
　的"跟随"和对物质之连续流变的"跟随",将变量自身置于连续流变的状态
　之中等等。

的发动和扩张。它消除弗洛伊德等人的精神分析带来的危害，清洗掉"自我"的幻相和"超我"的梦呓，粉碎俄狄浦斯情结的桎梏。此种分析不是要实施诊治，更不是让人成为集中权力的偏执狂，而是要把精神分裂状态作为解放的力量，要永不停息地创造意义，即发动无潜抑的欲望之生产。欲望是革命的力量，随着对一切"潜抑"的颠覆和破坏，随着欲望的扩张，困境也就消除了。

第三节　战争机器和国家

当今国际社会笼罩着战争威胁的隐患，大量人才、劳工和团体严肃认真地投入尖端武器的研制和军火生产中去了，某些国家和地区就像买卖钻石一样漫不经心地搞军火贸易。先进的武器（核潜艇、隐形战机、洲际导弹等）在保持自身隐秘的前提下可以短时间内攻击"地球"上的任何一个角落，这就使得无具体目的的"全面性战争"在技术上成为可能；比"技术上导致全面性战争"更为让人担忧的是，某些大国唯利是图，"笃信"永恒的不是道义不是盟友而是利益，由此导致敌方的无特定性，而敌方的无特定性会在指导思想上催生全面性战争。当代此起彼伏的局部战争并没有被及时阻止，反而好像被当做耗费存在者（军火本身、被指有罪的国家的设施甚至某些人员等等）的手段，以至于刺激"更新更先进更多"的高科技武器产生出来，并让新的打击目标被捕捉，这对于本来就受到各种困难纠缠的老百姓来说无异于雪上加霜。国家纵然强大，也逃不脱这种挥之不去的阴霾的威胁。

所以，对战争机器和国家予以分析也是当今社会理论无法回避的话题。

在战争机器和国家的关系问题上，一般会认为战争机器内在于国家，这是因为现代国家都被战争机器嵌入其内。但是，从起源上说，战争机器是否内在于国家呢？

未必。其一，早期的国家虽然掌控着一种暴力，但那是运用警察和监狱的无军队的暴力（或非军队的暴力），它以对破坏者的捕获而组织"战斗"，或者还有另外一种情形：国家获得了军团，但后者完全从属于法规，以至于战争机器外在于国家。而且，战争者本身就带有异常的否定性，他不断地僭越，他带有非法性，他处于背叛一切事物——甚至包括背叛军事行为——的状态之中。其二，在原始社会，首领在出现问题时只不过是在劝服他者，他只是对群体的现在和未来有着超群的洞察而已，他不是掌权者。再者，原始社会的战争滋养着共同体的散布和节段性，以至于此种战争在抵制和阻止"权力机关"的持续和维系，亦即抵制和阻止国家的形成，等等。

那么，战争机器的产生如何被理解呢？首先离不开"游牧民"，这里的原因是多方面的。其一，跟定居民的"纹理化"的空间不同的是，游牧民的空间是平滑的，其空间中的标记的特性不断地被运动轨迹所抹去或移换，游牧民对于围墙、栅栏、路政、道路枢纽的需要远远低于定居民。所以，游牧空间拥有着（在发端处外于国家的）战争实现的条件。其二，游牧生活拥有战争机器的武器。劳动工具和武器之间的可转换性无论在今天或远古时代都是不争的事实，拿着工具进行劳动的人在遭遇威胁或袭击时会有意无意地拿着劳动工具来抵抗。而劳动工具和武器之间的转化则取决于战争状态的来临，战争若非来临于人将猎者和动物间的关系运用于人自身之时，就是来临于人截获了被捕动物之力量而进入人和人之间的全新的敌对关系之时。此种战争状态的来临一方面跟畜牧的游牧民族有天然的内在因缘，另一方面恰恰创造和催生了战争机器。

现在的问题是：战争机器是否必然将战争作为自己的目的？若是战争机器要求敌人屈服投降的话，我们就可以不对以上问题作肯定的答复，不过，战争机器会威胁和冲击城市和国家等等，它会冲破不同共同体的界限，即战争机器被战争所伴随。国家因其必然遭受疆域侵犯而将战争机器据为己有，它依靠军事体制的形式构造出跟自身尺度和统治相应的战争机器。此时，形势骤然逆转，即战争机器会以战争为其首要的目标。德勒兹指出："正是在国家将战争机器据为己有之后，战争机器才试图将战争作为直接的和首要的目的……"[①]

但当今的战争机器调动了高新科技的研究和无数人员的参与，牵引着威胁国际和平的肆无忌惮的军火贸易，它甚至维持着——而非扑灭——局部战争和冲突，以便自身继续膨胀和壮大（比如推动更新更先进更多的武器被制造出来）！于是德勒兹发出了并非耸人听闻的警示："最拙劣的世界性的战争机器……对整个地球进行包围和封锁。"[②]爱好和平的人也被绑架于其中。在如此境遇下，德勒兹有何良策呢？他指出："地球运用其所特有的活力的解域（即是某人或某物离开界域的运动，引注）的强力、它的逃逸线、它的平滑空间来开辟通往一个新地球的道路。"[③]在游牧活动、弱势群体的抗争、人民的和革命的抗争等等形式之

---

① 德勒兹、加塔利：《资本主义与精神分裂（卷2）：千高原》，姜宇辉译，上海书店出版社 2010 年版，第 603 页。

② 同上书，第 610 页。

③ 同上书，第 610 页。

中,战争能够被酝酿和发动,但前提是能够同时创造出另外的事物而非单纯的泄愤或纯粹的暴力,在这里,无限小"量"的战争机器的目的被作为目标,这个目标有何作用呢? 它"勾勒出一条创造性的逃逸线,构成一个平滑空间和人们在这个空间之中的运动。"①此种情形下的战争仅仅作为替补性的手法而从属于新的积极的社会关系的创造。解域(某人或某物离开界域)、逃逸以及辗转于平滑空间而非纹理化空间中的自由活动成为通往未来的好的提示。

---

① 德勒兹、加塔利:《资本主义与精神分裂(卷2):千高原》,姜宇辉译,上海书店出版社2010年版,第609页。

第五章　德里达

德里达对哲学作品和文学作品等进行"解构",他的思想和解构主义的方法在哲学和社会理论等领域产生了较大的反响。

第一节　人

德里达认定西方从柏拉图哲学直到索绪尔的思想之学统乃是抬高语音(或口头语言)而贬低文字或写作的"语音中心主义"。在被分为"语音"和"文字"的语言这儿,语音由心灵激活而被赋义,文字则仅为语音的无生命的替代物,由此,语音处于中心,而文字处于边缘位置。语音中心主义抬高口头语言或"言谈",而言谈则是"逻各斯"的原初含义,反对语音中心主义与"反对逻各斯中心主义"在根本上是一致的。传统形而上学的结构是由一系列"二元分执的范畴"或"对子"形成的,如精神和物质、灵魂和躯体、主体和客体、内和外、本质和现象、真理和意见、内容和形式、必然和偶然等等,其中的对峙双方的地位就像语音和文字的对立一样永不平等,前者总是优先的、主导性的,而后者总是相对低劣的、被压制的和边缘性的。此种高下优劣之分在德里达看来是似是而非的陈腐教条。德里达的对策就是解构主义——"去中心化的"、反对任何形式的"中心主义"。很明显,解构并非寻找一个新的中心来取代原来的中心,也不是中心和边缘在位置上的互换,否则就是制造新的二元对峙,就是制造新的形而上学或新的特权压制,解构有点像不买账的"非此非彼"。

人在这儿处于何种位置呢?德里达的理路很明显,既没有先验的"自我",也没有普遍的人性,这些抽象的本质一概是形而上学的错误的构造。人的概念是"在场形而上学"的产物,德里达说道:"也许可以指出的是那种基础、原则或中心的所有名字指称的一直都是某种在场(艾多斯、元力、终极目的、能量、本质、实存、实体、主体、揭蔽、先验性、意识、上帝、人等等)的不变性。"[①]这些不同的术语代表着理念论、自然哲学、目的论、生命哲学、本质主义、实存主义、实体论、主体主义、真理论、先验哲学、意识哲学、神学和人道主义中的形而上的本体,该本体拥有裁决一切的权柄,每一种形而上学思想都围绕这样一个"本体"来建立,一切悄然从这里出发,最后又复归于这里。这里的"本体"是恒定的在场,故此种形而上学思维被德里达批判为"在场形而上学",其实这里的形而上的本体或恒定的在场只是理性思想的结果或"造作"罢了。就上述引文最后提到的"人"而言,它来自于人道主义对形而上之本原的假定或对终极实在本性的假定。假定的"人"的概念让"在场"凌驾于不在场,错误地认为这个恒定的在场使得相关的感性事物生存并具有价值,这就逃避了在场与不在场的相互作用——延异或撒播。逃避在场和不在场之相互作用的"恒定的在场"(如传统形而上学和人道主义中的"人")是一种形而上学的虚构或造作。

那么,非形而上学视野中的"人"是谁呢?在德里达这里,离开文本和意义,离开"字符的流动"是不可能谈论人的。文本几

---

① 德里达:《书写与差异》(下),张宁译,生活·读书·新知三联书店 2001 年版,第 504 页。

乎覆盖一切，任何时空中存在的能指系统或痕迹都是文本，而对文本的解释就像在无底的棋盘上进行"游戏"一样，永远不存在将"原物"完全呈现出来的文本，跟原物以及本原打交道或者完美地再现"原意"等等想法都是形而上学的幻想，归根到底，人无非就是处在文本读解中的、解构文本或进行书写的语言游戏者。

第二节　社会问题

在重视解构、文本和书写的德里达这里，文本（它是处于编织中的能指的系列，是由书写造就的字符的流动）或书写之外别无"他物"。这意味着，一切的一切都必须通过文本或"书写"才能被理解。这在乔治·瑞泽尔的一句似有夸张性的话中显示出来了："……德里达还认为社会制度只不过是书写而已……"[①]其实，依照德里达的运思方式，在一个比制度更广的背景之下，社会本身也被文本化或"书写化"了，社会也必须通过文本或书写才能真正被理解。

从根本上讲，社会的每一个子系统和所有的子系统都在延异、撒播、替补和觅踪的作用下实现外在本体化。正如真正的戏剧不再被作者及其剧本所支配、演员不再完全听令于台词、不再有外在力量宰制舞台一样，"总体性的社会"作为形而上学的同路者，它里面的人们需要从那些创造支配性话语的权威们的观念中挣脱出来，从传统的中心离散开来，这可被推广到社会各领域。

文本指称着现实，那么，德里达的解构意味着解构"现实"，

① 乔治·瑞泽尔：《后现代社会理论》，谢立中等译，华夏出版社 2003 年版，第 172 页。

解构除了涉及文学作品之外,必然包含制度建构、教育、社会舆论、法律、政府文件、伦理观念等等,对于这些事关重大的话题而言,我们可以用德里达的"尊重它在(the other)"的说法来"统握"。

尊重它在意味着尊重它在的话语和写作,社会秩序必须对它在的言谈保持开放,包括对边缘群体的言谈保持开明和开放。它在的话语和写作让现有的秩序之中有了"不可决定性"的要素,社会有责任不压制它。正如跟意见较量之后的真理更具有活力一样,经历过"不可决定性"之要素洗礼之后的决定才有可能是有意义的决定或好的决定。"不可决定性"的要素往往涉及到对现有秩序之前提(上面所说的制度建构、教育、社会舆论、法律、政府文件、伦理观念等等的前提)的解构,这种解构因为"它在"而会一直延续下去。这种解构就是让现有秩序下的决定变得富有责任或更加富有责任,解构的施行会涉及到培育一些含有未来的不确定成分以及挖掘出导致现有秩序更新的东西,而这就是责任携带来的"公正"。正如一位研究者所指出的那样:"……只有'不可决定性'……才能导致公正的决定。"[①]"不可决定性"将会在异质者的关联之中过滤掉那些独断的、非自由的要素,从而曲折地走向公正。当然,公正绝非让"它在"占据中心,因为解构本来就是"去中心化"的运作。

饶有兴趣的是,德里达的解构理论对民主有其独到的解释。民主政治不是要被否弃,对现存的民主政治的超越恰恰就是民主政治本身的内在要求或民主运动的自动要求,超越的方法就是解构——尊重和开放地包容"它在"。让它在的声音不被压制

---

① 夏光:《后结构主义思潮与后现代社会理论》,社会科学文献出版社,2003 年版,第 349 页。

地释放出来,这种对于它在的尊重其实被包含在民主的朴素涵义之中;对它在的开放的包容也是民主生活的基本要素。这一切也符合我们的常识,即世上没有定于一尊的和独一模式的民主,民主在广泛的沟通背景下处于不断健全的过程之中。

第三节　当今社会与马克思主义的精神

马克思主义对世界的影响是有目共睹的,它影响了共产党执政的国家,也影响了非共产党执政的国家,它影响了经济落后的国家,也影响了经济先进的发达国家。当然,马克思主义也一直处在和其对手的斗争之中。如果以马克思主义为指导的社会运动出现波折的话,这可以作如下解释:围绕着马克思主义精神而形成的社会主义的形式是多样的而不是单一的。当有些人企图形成霸权式的政治言说之时,这是独断论的东西,这是追求统一性的形而上学的结果,是要被解构的。德里达的解构主义版本的"马克思主义"呼吁多样性和异质性。《共产党宣言》1888年的再版序言表明,马克思主义的创始人曾经要求将自己的研究主题的结论进行变革,此种彻底性极为罕见,这在已有的设计之外凸显了新格局的不可预见性,这考虑到了知识积累、断裂和重构等各项因素。这正是超越于教条和"马克思主义"的意识形态机构之外的马克思主义的精神,正是在这个意义上可以说:"无论如何得有某个马克思,得有他的才华,至少得有他的某种精神。"①

继承马克思的精神遗产,需要考虑遗产的异质性,它从来不

---

① 德里达:《马克思的幽灵:债务国家、哀悼活动和新国际》,何一译,中国人民大学出版社2008年版,第15页。

是现成的,不像一块石头那样等你去捡起它。正如世界上根本上就没有什么未经中介的资料或事实,所有资料和事实都是被"解释"过了的一样,精神遗产总被笼罩于继承者的过滤、筛选、批判和挑选的目光之中。精神遗产在自身的拆解、自身的分立、自身的分延和跌宕之中,在多种声音的言说之中渐渐显形!马克思的精神遗产恰恰就是在不断争执的声音中发展自身、突破自身,进入多样的形式之中,这样一来,它就不再保持以前——被其对手所惯常借以辨别之并且批驳之——的旧面貌了。

在马克思的文本之中,回荡着哲学的、政治的和科学话语等的"声音"或话语,人们要进入它们"结合为一"的地方,不损害其间的差异,人们和异质话语之间的关联无需决定论的东西,人与人之间亦然。这样的人可以联合为一个同盟,即一个无组织、无民族和无所有权的联盟——所谓的"新国际",它在对国际法的形态、国家和民族的概念等等的批判中,采取反密谋的形式更新自己的批判而发展。

要是有人声称对马克思的文本进行中立化的解读,客观地、不带偏见地对待之,在学术机构中系统地以解释学、语文学的规范研究马克思,这反倒可能是一种麻木的表现。与其相反的是,德里达诉诸另一策略,即始终把马克思的东西作为"可能在场的东西"或"或许在场的东西"来对待,否则它就立即成为实体、本质或持存,也即形而上学的东西。因此,必须由异质性来为"理解"打开前景,必须有断裂、中断和延异。这也顺便涉及到解构理论和马克思主义之间的关系,解构理论当然不等于马克思主义,问题在于,解构理论忠于马克思主义精神(异质的多种精神)中的"一种精神",那是不可被复制的精神,因为延异的独特性具有"此时此地"的性质(这有点类似于司各脱所说的"个性")。这里杜绝模仿,因为模仿所弄出的东西毫无生命力,仅仅是装模作样而已,那里往往是辞藻胜过内容,而在真正被需要的东西那儿,则是内容胜过形式。

在社会问题上,德里达反对福山的所谓的"历史终结论"。福山认为"西方的自由民主"是终结的标志,而德里达则倾向于认为,终结的恐怕只是福山的那本书罢了。福山所说的"自由民主制度"一会儿是实际存在的现实事物——经验的观察事件中的证据,亦即作为国家理念之具体体现的战后美国和欧共体,一会儿又是纯粹的理想——无力解释二战等经验性的悲惨现实而被设立的调整性的理想。这种滥用"自由民主制度"之术语的混乱逻辑在德里达看来几乎不值得一驳。在强国不断搞通货膨胀而变相掠夺的今天,在自称维护正义的国际组织成为少数国家之傀儡的今天,在毒食品及毒饮品蔓延的今天,在无数人生活于贫困之中并被排除于政治活动之外的今天,在两极分化加剧的今天,在经济战争、民族战争、种族冲突、排外、文化和宗教冲突不断上演的今天,大谈"历史终结"是不妥的。话说回来,无情的现实并不能迫使我们放弃希望。德里达指出:"我们不仅不能放弃解放的希望(即马克思关于人类解放的希望,引注),而且有必要比以往任何时候都更加保持这一希望,而且作为'有必要'的坚如磐石的保持而坚持到底。"①很明显的是,马克思对于一切害人者的不妥协的批判与德里达的解构精神是有其相似之处的。德里达对于教条化之外的活生生的马克思主义极为赞赏,认为这是富有独立性的批判精神。归根到底,马克思主义的精神可以表达为:愿意接受自身变革、价值重估和自我再阐释的

---

① 德里达:《马克思的幽灵:债务国家、哀悼活动和新国际》,何一译,中国人民大学出版社 2008 年版,第 73 页。

自我批判。这对于当今社会中的各种各样的霸权话语和负面现象来说是一剂良药。马克思主义的独立性的批判精神对于未来的公正是必不可少的。

解构对于文本化了的社会而言,也是一种活动、一种社会实践、一种革新,这意味着要拆掉所有约定的条条框框,解放文化,消解原有的构架,挣脱压制,肩负责任,心系公正,尊重"它在",心怀希望,重写新篇章。

第六章　吉登斯

　　吉登斯为了突破主客二元对立模式的局限而提出了颇有解释力的"结构二重性"理论。在研究现实境况的时候,他认为现代社会处于"高度现代性"的状态之中,他分析了现代性的制度维度、动力机制、风险状况等,也提出了"驾驭"现代性的药方。他认为"后现代性"乃是对于现代性的超越,那是一种特殊的对于未来美好图景的允诺,而这跟利奥塔等人很不一样,他拒绝利奥塔等人所声称的"无法获得系统化知识"的断言。

第一节　结构和结构化理论

　　社会理论不能脱离人类存在和现实的发展而得到理解,而且社会理论也不能以抽象本质的获取为目的。在吉登斯那里,社会理论不必纠缠于认识论层面上的争议,而应瞄准本体论的关怀,而此种关怀恰好就是其结构化理论的核心。他指出:"诚然,对认识论问题的关注或许的确有它的重大意义,但这会转移我们的注意力,忽略社会理论更为'本体论'的关怀,而后者(指本体论的关怀,引注)正是结构化理论的主要关注点。我认为,社会理论的探求者们首先应该关注的,是重新构造有关人的存在与行为、社会再生产与社会转型的概念,而不是沉溺于认识论争论。"①认识论的争论不论有多少可取之处,也不论此争论在模式、内容和方法上面有多少喋喋不休的纠缠,它在一开始就差不多进入了误区,因为所有的认识论都分享了一个前提,即认识是主体对于(作为对象的)客体的认知。这就把社会生活的主体性和客体性对峙起来了,此种二元对立的格局实质上割裂了社会并肢解了人的生活。

为了避免这种割裂或肢解,为了超越主体主义和客体主义,需要牢牢抓住实践过程中不断建构的(活态的)社会生活,于是,吉登斯提出了结构的二重性,并以之作为他的结构化理论的根基。他指出:"我们必须从概念上把这种二元论(指主客二元论,引注)重新构建为二重性,即结构的二重性(duality),这一假设正是结构化理论的基础。"②相对稳定或稳态的结构具有客观制约性,正在变动中的结构又体现了人的主观创造性,所以,在某种意义上,结构意味着客观制约性和主观创造性的融汇并存。吉登斯的努力隐性地契合于以下理论:客观规律性和主观能动性统一起来,发现规律并按之办事,其实,它在某种意义上类似于中国化马克思主义视域中的"实事求是"。

吉登斯所谓的结构无非是规则和资源,只不过他是在社会生产的动态中来理解结构的,他指出:"结构化理论中的'结构',指的是社会再生产过程里反复涉及到的规则与资源。"③结构既以限制人们行动的关系和规则而呈现于社会层面上,它同时亦以结构关系之内化的目的和计划而呈现于人的思想意识之中。

---

① 安东尼·吉登斯:《社会的构成》,李康、李猛译,生活·读书·新知三联书店1998年版,第39页。

② 同上书,第40页。

③ 同上书,第52页。

如此一来，在结构问题上就有一个循环，不过这不是恶性循环：
"人类的社会活动与自然界里某些自我再生的物种一样，都具有
循环往复的特性，也就是说，它们虽然不是由社会行动者一手塑
成，但却持续不断地由他们一再创造出来。社会行动者正是通
过这种反复创造社会实践的途径，来表现作为行动者的自身；同
时，行动者们还借助这些活动，在活动过程中再生产出使它们得
以发生的前提条件。"①这里的循环之所以不是恶性循环或死循
环，是因为社会系统中的结构乃是人脑中的结构观念指导实践
活动创造出来的。关于这里的循环，吉登斯指出："我们说结构
是转换性关系的某种'虚拟秩序'，是说作为被再生产出来的社
会系统并不具有什么'结构'，只不过体现着'结构性特征'，同
时，作为时空在场的结构只是以具体的方式出现在这种实践活
动中，并作为记忆痕迹，导引着具有认知能力的行动者的行
为。"②可以看出，要紧的不是从这个循环中脱身而去，而是按照
正确的方式运用这个循环，并在这个循环之中获得更多的（被循
环运动所卷入的）东西。

　　不难看出，结构是"一身二任"的，它既是下一轮活动的前
提，也是发挥作用的东西，是实践的中介，也是结果。到了这一
步，就可以初步防止将结构做静态化理解的做法，但是，我们还
必须深入澄清结构和能动的关系。

　　"能动"在吉登斯那里，主要不是从"所欲"的层面来把握，而
是从"所做"的层次上来界定的，或者说是从时空向度上有序安
排的活动中来理解的。人们有能力改变做事的方式，能够在被

---

① 安东尼·吉登斯：《社会的构成》，李康、李猛译，生活·读书·新知三联书店
　　1998 年版，第 62 页。
② 同上书，第 79—80 页。

卷入世界的时候干预这个世界,可以试图开启一个完全不同的
区间。事情是这样的,个人"凭借"能动去创造结构或改动结构,
然后这些结构给人的行为方式设置了各种限定,换言之,正是我
们自己创造或改动了这些结构,从而为我们加上了"限制"。与
此同时,行动会强化结构,并因此而塑造下一刻或下一场合中的
行动方式。结构和能动不是对立的,二者统一于"结构化"的过
程之中。结构化就意味着结构制约行动和行动创造结构的运动
方式。

如此一来,可从行动切入制度。作为身兼实践中介和结果
于一身的"结构",它本是规则和资源的统一,支配性规则同配置
型资源的统一就是经济制度,支配性规则同权威型资源的统一
就是政治制度,表意性规则和话语资源的统一就是符号秩序及
话语形态,而合法性规则经过条文化便成为法律制度。① 这些
不可或缺的制度其实也具有"二重性":它一方面是被创造出来
的结果,另一方面又继续建构着社会。

从对于行动或实践的考察到对于制度的分析,可以看做是
从(有限的跟个体在场相关联的)微观层面进入到超越个体生命
在场性的宏观制度层面,这体现了微观分析和宏观分析的统一。

值得注意的是,吉登斯所说的能动作用的一个突出方面是
它可以产生意外后果,而意外后果除了碰巧导致的偶然结果之
外,也有偏离性的类似于"集体无意识"能招致的那种类型的后
果,还有积累性、日常性和惯例性活动造成的意外后果。那么,
现代性进程这种重大的系统性的事情看来会招致预想不到的意
外后果。

---

① 对于约束性的制度和人的能动性这两者而言,当然不可顾此失彼,也不可将
　其对立起来,这些因素在人的行为中可以动态地相互转换。

第二节　现代性的诸维度和特性

我们已经看到,研究社会生活的时候,仅仅偏向于主体的意志论或者仅仅偏向于客体的功能主义实际上都是片面的,它们所抓住的是抽象的本质,为此,吉登斯提出了结构化理论予以超越。提到现代性的时候,吉登斯把现代性作为"问题"而提出来,认为它是被变革的对象而非值得拥有或值得继续拥有的东西。那么,现代性究竟包含哪些维度呢? 吉登斯认为有资本主义、工业主义、监督系统(或监控系统)和军事力量四个维度。[①]

首先,现代性包含资本主义。现代性的产生离不开资本主义生产方式的出现。吉登斯指出:"资本主义指的是一个商品生产的体系,它以对资本的私人占有和无产者的雇佣劳动之间的关系为中心,这种关系构成了阶级体系的主轴线。"[②]私有的生产资料投入生产时追逐利润最大化的依托地主要是市场,而资本主义经常所夸耀的市场万能不过是一个"幻相"。此种幻相背后的真相是市场对于全局和整体规划的力不从心,它的短期性和盲目性可能带来极大的破坏。正如吉登斯所说的那样:"危机,反复无常的波动,资本突然注入或者撤出特定的国家和地区——这些都是桀骜不驯市场的核心特征而不是它的边缘特征。"[③]放开资本市场之后,严重的货币投机活动是驱散不走的

---

① 参见:安东尼·吉登斯:《现代性的后果》,田禾译,译林出版社 2000 年版,第 52 页。
② 同上书,第 49 页。
③ 安东尼·吉登斯:《第三条道路——社会民主主义复兴》,郑戈译,北京大学出版社 2000 年版,第 155 页。

阴影。单位时间之内的货币交易活动中,只有极少一部分属于实质性的经济交易,其余极大部分经常是投机活动和套利交易。在那些活动中,基本上是手握超额资金的商人利用汇率的变化和利率的波动,攫取快速增殖的利润,这些活动扭曲了市场。上百上千亿美金的"热钱"可以在很短的时间之内出其不意地进入或撤离一个市场或国家,假如某国的中央银行没有充足的储备来应对弱市贬值时海量投机者的庞大压力,就可能引起局部的金融危机和其他连带性的破坏。有些人可能会反驳道:主要的发达资本主义国家或多或少可以控制资本的无序活动,但这是天真的想法,事实差不多是反过来的。资本早就通过自己的触角无形地控制了国家的各级代理者,资本主义国家的有限的自主性远远落在它对资本积累的依附性后面。

其次是工业主义。工业主义是"在商品生产过程中对物质世界的非生命资源的利用,这种利用体现了生产过程中机械化的关键作用。"[①]在这里,人的生活的完整性和丰富性不得凌驾于工业生产的规范化和工业的社会组织之上,而是反过来必须服从后者。工业主义借助于不断更新的高新技术,深深地影响了物质资料的生产,而且也作用于运输、邮政、电信、通讯和家庭生活等日常方面,影响到人类和外在环境互动的范围、广度和深度。工业主义的进展,尤其是它在高新科技领域中的突进,导致人类的生存境遇发生巨变,海量的不断升级的人工制品快速进入社会的各个角落,甚至还开辟出新的角落,深深地作用于人类生存的周遭环境。自然似乎退隐了,人工环境渗透和扩张的速度有增无减。

---

① 安东尼·吉登斯:《现代性的后果》,田禾译,译林出版社 2000 年版,第49 页。

　　顺便说一下,工业是独立的还是从属于资本主义的呢? 独立的。虽然二者之间存在着一定程度的相互作用,但工业主义不能被还原为资本主义,而资本主义同样也不能被还原为工业主义。

　　再次是监控。"监控指的是:在政治领域中,对被管辖人口的行为的指导,尽管作为行政权力的基础,监控的重要性决不只限于政治领域。监控可以是直接的……但更重要的特征是,监控是间接的,并且是建立在对信息控制的基础之上的。"[①]监控的形式是极其多样的,从政治上层建筑中的监狱到兵营、学校、工厂和露天工作场等等都是有组织有系统的监控形式。与此同时,信息技术使得这些监控形式所产生的力量愈发强大,而新近的所谓的大数据分析更是在各个区间、各个时段、各个节点和各种"线路"上截获越来越多的可用于监控的信息,由此可以编制广泛的密如蛛网的监控网络。监控大体上可以分为两种:第一,相关机构在收集、分析和储存其成员的各种信息时所形成的事实上的监控;第二,管理者对于被管理者的各种活动实行的直接监督(当然,还有国家中枢机关对中下层机构和中下层管理者实行的统筹式的监控等等)。其实,由于人们生活的大部分时间都受到连续性监控的辐射,又由于对相关社会活动信息的收集与监管方式之间是"你中有我和我中有你"的关系,所以,这两种监控之间并不存在不可逾越的鸿沟。

　　第四是军事力量,这是指军事工业化背景下对于系统性暴力的垄断和操控。吉登斯指出:"20 世纪的战争对一般化变迁模式的作用是如此的突出,以致要想理解这些模式而不求诸战

────────────

① 参见:安东尼·吉登斯:《现代性的后果》,田禾译,译林出版社 2000 年版,第 51 页。译文有改动,监督被改为"监控"。

争是非常荒唐的。"①这就是说,战争的某方面的力量和作用迫使人们不得不正面重视它。现代国家的中央机关成功地实行了对于暴力工具的垄断,这可避免内战频发并且巩固国家的对外防御系统。与此同时,由于工业化对于军事和战争的全面渗透,形成了一种奇怪的全球军事秩序,即不同力量的多元"中心"在竞逐中实际上掌握着史无前例的毁灭性力量,战争在性质上有了变化,它进入了隐性的"全面战争"。于是乎,交战双方在战争中付出的代价大大高于他们通过战争所期望的后果。

上面四个维度可以合称如下:伴随监控的资本主义之军事—工业主义。在这四个维度的背后,存在着三个动力来源:时空"分隔"、抽离化(象征性标志和专家系统)和反思性。

时空"分隔"是指一个具体事件与其时间、地点的分离以及时空之间彼此的分离。时空分隔不光是现代化的重要动力之一,它还是人们在现代社会中的生存体验。如果说,前现代社会的人们的时空观念伴随着人或物的在场从而是具体的,那么,现代社会由于高科技的应用,人们的时空存在状态产生了巨大的变化。一是时间同具体的地方和行为分开而成为一般性的形式设定(或曰时间的虚化),地球上的任何两个人都可以遵循同样的计时方式或者经过换算之后遵循同样的计时体系。在形式化的时间测量之中,好像忘掉了被测量的东西本身,结果可能是:得到了数以及数与数的关系而没有其他东西了。二是空间可以离开日常地点、地域性活动或局部地域(或曰空间的虚化),换句话说,空间可以独立于任何特定的场所或者地点,不同的空间之"单元"并没有本质的不同,空间类似于一种伸展和广延。当然,

①　安东尼·吉登斯:《民族—国家与暴力》,胡宗泽等译,生活·读书·新知三联书店 1998 年版,第 290 页。

时空分隔并不是绝对的坏事，因为时空分隔又为它们与社会活动的重组提供了平台和便利，而这种重组可以提供很多新的东西。

第二个动力来源是抽离化。抽离化指观念与具体事件的分离以及社会制度和社会关系从时空中抽离出来的情形。正如吉登斯所指出的那样："社会关系从地方性的场景中'挖出来'并使社会关系在无限的时空地带中'再联结'。确切说，这种'挖出来'就是我所说的抽离化的内涵，对于由现代性所引入的时空分离的巨大增长而言，抽离化是关键因素。"[①]人们在交往或建立社会关系的时候可以不受传统的时间和空间的限制，如购买商品的行为和实体店之观念的分离。抽离化机制本身又被分为两种类型：符号标志（或象征性标志）和专家系统。关于符号标志，吉登斯指的是："相互交流的媒介，它能将信息传递开来，用不着考虑任何特定场景下处理这些信息的个人或团队的特殊品质。"[②]符号标志可以抛开特殊情况下信息处理者的独特品质，其最突出的代表是一般等价物，我们与其他人就算在时间上相距很久并且在空间上相距很远，却依然能以一般等价物为媒介来进行交流。至于专家系统，吉登斯指的是这样的情形："由技术成就和专业队伍所组成的体系，正是这些体系编织着我们生活于其中的物质与社会环境的博大范围。"[③]在现代社会，隔行如隔山，人们难以离开专家系统，其实，就连专家本人也离不开（相邻的）专家系统。一个仅仅呆在家里从事网络购物的人尽管

---

① 安东尼·吉登斯：《现代性与自我认同》，赵旭东等译，生活·读书·新知三联书店1998年版，第19页。

② 安东尼·吉登斯：《现代性的后果》，田禾译，译林出版社2000年版，第19页。

③ 同上书，第24页。

不懂电子货币、金融安全、个人信息安全和"第三方支付"等等知识,但他还是对相关专业人士的工作表示"信任",类似的情形数不胜数。一个人的直接经验和直接经验所建构和验证的知识极为有限,他不得不信任专业人士所提供的"难以由利害相关者本人直接验证的"专业知识。符号标志和专家系统这两个项目合称为抽象系统(abstract system)。这两个项目之中,无论是哪一个,皆以超越具体物之限制而赢获一般性为标志,而要赢获一般性,(这在吉登斯看来)似乎只能借助于抽象。

第三个动力来源是反思性。吉登斯指出:"制度反思性:定期地把知识应用到社会生活的情景上,并把这作为制度组织和转型中的一种建构要素。"[①]在历史上,反思曾经是一般的重释和普通的传释并且相关于对于传统的重视,如今不同了,对于吉登斯而言,反思内爆于社会再生产的每一基础和环节之中。今非昔比,社会生活形式局部地恰好是由其行为者的关于社会生活的知识所构成,文明之中的新发现推动实践的变化,而社会实践持续地受到"关于实践的新知"的改造,于是,它在结构上不断改变自己的特性。就社会科学的知识而言,"知识就是力量"和"知识改变命运"都是不太确切的说法。原因在于,知识会反过头来再次进入它所指称的对象之中,旋即改变它所指称的对象。社会生活不可能完全从人类关于它的知识中分离出去,这就是说人类关于社会生活的知识恰恰构成了社会生活的一部分并发挥实质性的影响。反过来说,关于社会生活的知识并不能够通过持续输入到行动的理性之中而有增无减地积累那些与人们的需要相关的行为的合理化程度。

---

① 安东尼·吉登斯:《现代性与自我认同》,赵旭东等译,生活·读书·新知三联书店 1998 年版,第 22 页。

那么,在时空"分隔"、抽离化和反思性的推动下,产生了什么样的显著后果呢? 那就是高度现代化(也叫晚期现代化,下同)时代的来临。

第三节　高度现代化及其中的风险

如果说二十世纪中晚期之前的现代化叫做简单现代化,那么,其后的现代化就具有不同的特征了。简单现代化的突出特征在于,现代化早期的工业化带来了物质的繁荣以及社会诸多领域的线性式进步,同时也掩盖了现代性发展的不确定性。多元动力机制促成了社会的变化,当所有社会主体的反思能力不断增强的时候,人们反思性地运用知识建构世界,因此也就无法绝对地断定知识的特定要素不会遭到修正,于是,简单现代化遂向高度现代化转变。那么,高度现代化的社会有什么样的特征呢?

一、高度现代化社会的特征

在高度现代化的论域中,曾经存在着的诸多对立(比如资本主义和社会主义之间的对立)变得比以前更为复杂。高度现代化社会有三个比较明显的特征。

首先是全球化冲击而形成了各种过程的复合化。所谓的全球化,吉登斯是这样界定的:"世界范围内的社会关系的强化,这种关系以这样一种方式将彼此相距遥远的地域连接起来,即此地所发生的事件可能是由许多英里以外的异地事件引起,反之亦然。"①既然现代性的制度有四个维度:资本主义、工业主义、

---

① 安东尼·吉登斯:《现代性的后果》,田禾译,译林出版社 2000 年版,第 56—57 页。

监控系统和军事力量,那么,随着现代性的拓展,全球范围之内必然相应地形成了升级版本的四个项目。这四个项目具体在吉登斯那里被称为世界资本主义经济、国际劳动分工体系、世界民族国家和世界军事秩序。

关于高度现代化的社会的特征,第二点是深度的裂变。社会变迁的速度比以前快,新生事物和秩序大量涌现,变化神速,人们一时难以适应。同时,社会变迁的广度也是前所未有的,现代性的影响无孔不入。不仅如此,从断裂的独特性上看,我们被抛离了传统社会的秩序轨道,我们日常生活中最熟悉最具有个人色彩的领域也因为受到巨大冲击而经历着巨大的改变,产生了多向度的文化运动。

再次是"后传统"的降临。全球化的冲击和多向度文化运动等因素让我们进入了所谓的"后传统社会"。之所以这么称呼,是因为大多数人都感受到大量的现象和过程难以理解和无从控制,而且人的行为陷入无规可循的境况之中,传统似乎烟消云散了。此情此景之下,存在着两种基本消极的表现,一是成瘾或成癖的兴起,二是对于"高度现代化社会"具有一定破坏性的原教旨主义力量的涌动。就"成瘾"现象而言,它是指从传统中"解放"出来之后诉求自主性之时却相反地造成了对于自主性的某种压迫。因为传统地基之上的信念和认同实施了"撤离",由此形成了人在海量的"自主选择"面前的无力感和无助感,于是乎,人从"过去"的经历中搜寻生活落足点的时候沉溺于诸如锻炼、饮食和休闲等方面而难以自拔。显然,这里并没有基本确保出现天然和健康的自主选择和自主的生活。至于说原教旨主义力量的涌动,它是激烈地质疑其他传统并绝对维护自身传统,它甚至极端而不计后果地维持自身的传统。

高度现代化的社会是不是让人们高枕无忧了呢？吉登斯给出了斩钉截铁的否定回答：高度现代化的社会本身就是一个"风险社会"。

二、高度现代化的"风险"

在吉登斯那里，高度现代化社会是一个布满风险的社会。风险意味着知识的非确定性以及随之伴生的社会变化的非预定性，人类活动的方方面面具有非命定性，人类活动的结果具有偶然性。风险有两种，一种是外部风险，另一种是人为风险。外部风险意味着一种客观的不确定性，而人为风险则是指这样的一种风险："由我们不断发展的知识对这个世界的影响所产生的风险，是指我们没有多少历史经验的情况下所产生的风险。"[①]换句话说，人为风险是经验中前所未有的，同时也是无法根据既有传统的时间先后系列做出评估的风险。在这两类风险之中，相比较而言，是人为风险给人类带来最大的不安。以全球气候变暖为例，对于此种现象的"存在"大多数科学家表示认同，但也有部分人予以怀疑。假如全球的气候确确实实是变暖了，那么它的后果充满变数而极难估量，因为此种现象是前所未见的。人为风险的涌现，使得社会生活无论在微观上还是在宏观上都比以前更加充满风险，风险的根源、范围以及它带来的不确定性都是全新的。正是由于人为风险的广泛性和渗透性，现代社会成了彻头彻尾的风险社会。

在高度现代化的进程中，风险强度空前加剧，风险的环境也得到了史无前例的扩张。诸如核问题和生态问题的全球化扩散、重大突发事件的全球性影响、人和自然交互作用的复杂后

[①]　安东尼·吉登斯：《现代性的后果》，田禾译，译林出版社 2000 年版，第 115 页。

果、牵涉面巨大的制度性风险和专业知识局限性造成的风险等，这一切表明风险强度不减反增，更为重要的是，已有的制度不光不能规避风险，反而还在不断地制造新的风险。如此一来，当今世界进入了"全球风险社会"。

在全球性的风险社会中，个人面临着二难处境，即自我的同一性和碎片化之间的困境、无力量感和占有感之间的困境、权威和不确定性之间的困境以及个人化和商品化之间的困境。这样的后果就是现代社会关系乃是一种随时可以中断的关系，从而人的安全的信心和感受失去了牢靠的根基。

有鉴于此，现代性的毁灭力量业已形成，现代世界是一个"失控的世界"和充满风险的世界。

第四节　作为现代性之超越的后现代性

吉登斯断定当今社会进入了晚期现代化时期，但他并不认为西方社会业已进入"后现代"。尽管这样，吉登斯认为还是应当对后现代社会予以设想："我们必须在全球层面上想象出一个后现代时期。"①与此紧密相关的是，他提出"后现代性"乃是一种超越了现代性的"运动"，②是"脱离或'超越'现代性的各种制度的一系列的内在转变"③，是一种更胜一筹的秩序或形态，它在未来是可被实现的。所以，后现代性就是对现代性的超越。

如上所述，针对当下不容乐观的现实，吉登斯孜孜不倦地寻

① 安东尼·吉登斯：《现代性的后果》，田禾译，译林出版社 2000 年版，第 144 页。
② 同上书，第 143 页。
③ 安东尼·吉登斯：《现代性与自我认同》，赵旭东等译，生活·读书·新知三联书店 1998 年版，第 46 页。

求现代世界在未来的好的可能性，这个好的未来图景可以参照现代性的四个维度给出来。现代性有四个维度：资本主义、工业主义、监控体系和军事力量，它们在全球化的浪潮之中都有一正一反的可能性，这四个维度中的积极的方面分别是劳工运动、生态运动、民主运动以及和平运动。而它们的未来的好的愿景则体现如下：一是构建后匮乏的经济；二是在科技人道化背景下重建环境伦理；三是开展多层次的民主活动尤其是发扬协商民主；四是构建非军事化的非暴力的社会。

　　首先是构建后匮乏的经济。当然，这并不是说要彻底消灭"匮乏"，吉登斯认为任何时代都不可避免地存在着匮乏这种现象，无论何时都不可能存在着能满足所有人之需求的社会。吉登斯的设想所针对的是当今世界的"大劫难"，亦即"大规模贫困的发展"，它是指世界人口的绝对贫困和相对贫困的发展。造成贫困的原因不一定是经济总量的不够，也不一定是缺少经济的增长，而往往是错误的发展模式带来或者加速了贫困。吉登斯所构思的后匮乏经济有其鲜明的针对性："后匮乏并非意味着短缺不存在了——无论如何总会有'短缺性'商品。在产生后匮乏经济的倾向中，积累变得明显地事与愿违，即出现'过度发展'导致不理想的经济、社会或文化结果；在生活政治的领域里，个人或团队做出生活方式的决定，限制或积极地反对经济收益的最大化。"[①]吉登斯考虑了走出匮乏的道路，要求超越过时的"生产主义"或"贪心经济"的线性发展，在反思资源、价值和生活方式等等比数量经济远为重要的诸因素的基础上，选择一种使得各方面都可以受益的经济运行方式。

---

① 安东尼·吉登斯：《超越左与右——激进政治的未来》，李惠斌等译，社会科学文献出版社 2000 年版，第 105 页。

　　其次是重建环境伦理，它包含自然环境的伦理重建和生命繁衍之道德底线的维护。

　　就自然环境的伦理重建而言，我们要警惕工具理性对自然造成的破坏。现代经济的增长伴随着人类对自然的越来越深和越来越多的控制，它把大自然视为能源库，予取予求，以类似于杀鸡取卵的方式开发和利用资源，这种短视的发展模式不可避免地造成了对自然的破坏。相应地，我们要积极修复对于自然的人为破坏。解铃还须系铃人，否则"人工环境"就和它的背景格格不入，它就会失去它由以镶嵌其内的"舞台"。与此同时，我们对自然要有一个重新道德化的作为。远古时候，人们对于自然的道德化是与宇宙整体化以及宗教化糅合在一起的，实证科学把它们分开并且驱逐了自然的道德化，现在则需要重建自然的道德化，而这无疑需要调整人类自身对于自然的态度，通过对自然的深层理解来培养对自然的敬畏。此处所说的自然环境的伦理重建也可被叫做生态政治，按照吉登斯自己的话就是："生态政治是一种损失政治——是自然的损失、传统的损失——但也是回复政治。我们虽然无法回归自然或传统，但是无论作为个人还是作为具有集体性的人，我们在积极接受人为不确定的情况下，能够努力使我们的生活重新道德化。用这种方法，我们不难理解为什么生态危机对于本书讨论的政治更新形式是如此的根本。它是现代性限度的物质表现形式，修复被破坏的环境与其被理解为环境本身的终结，不如被理解为重新解决贫困。"[①]

　　在环境伦理的重建中，就生命繁衍之道德底线的维护而言，这要求人们不要让冷冰冰的技术介入生命的繁衍活动。随着克

---

① 安东尼·吉登斯：《超越左与右——激进政治的未来》，李惠斌等译，社会科学文献出版社 2000 年版，第 239 页。

隆技术和转基因技术之应用范围的扩大,争议越来越多,但是不管怎样,科学技术都不能把生命的繁衍作为自己的"殖民地"。科学技术作为双刃剑,对它的使用总得有个符合道德的问题,其中的底线就是感受和维护生命本身的神圣性的维度,否则,很容易用高科技将生命的繁衍变成类似于流水化作业的"工业生产"。

然后是发扬协商民主,这里的协商民主并非哈贝马斯的贯彻商谈原则的程序主义的民主。吉登斯指出:"协商民主指的是这样一种情况:那里有发达的交往自主权,这种交往构成对话,并通过对话形成政策和行为。"①这里所说的民主是对话式的民主,不是独白式的代办和僭越。民主不仅是表达利益的渠道,它更是一种公众舞台,它不是以事先固定的权力而是以对话来解决问题。虽然对话之中会有复杂的争议,但可以以信任和自主为基础,通过对话排除各种不确定性而聚集到形成政策和行为的方向上去。这样的民主不能被限制在一个狭隘的区域之中,它应该是发生在广泛关系领域之中的民主,从随时可以终止的一般的人际关系到社团以及从社团到全球民族国家体系的领域,到处可以践行这种民主。

最后是消除暴力的危险,构建非暴力社会。在现代性的高风险社会中,暴力好像不是在和平中被终结的东西,暴力被用于将那些(被认为是)"可有可无的东西"毁掉,以便具有强大生产能力的社会系统随即生产出更符合"时代"要求的东西,如此一来,暴力差不多就是见怪不惊的东西了。从高科技武器的不断问世、军火贸易的屡禁不止或有增无减、逐利的国家在军事力量上的升级和种族文化差异导致的地区冲突等可以看出,暴力是

① 安东尼·吉登斯:《超越左与右——激进政治的未来》,李惠斌等译,社会科学文献出版社 2000 年版,第 119 页。

广泛存在的,这将使得现代社会更加失控,为此,吉登斯提出了构建非暴力社会的建议。

鉴于战争后果的无法逆转的不可尝试性、领土扩张策略的过时和国家利益相似化,我们可以设想一个无战争的世界。为了靠近这个理想,首先是和平价值的上升,跟攻击性、好战以及军国主义相关的价值观不断削减,不断地促进公民对待暴力的态度进行转换,使得暴力在解决问题时越来越少地受到关注。同时,要避免情感交流的退化,对男权和父权的局限性予以警惕,在亲密关系的领域培育情感民主,加强对话和沟通。另外,在面临种族、文化和宗教差异的时候,尤其要注意开展跨文化对话和跨种族的交流,抵制原教旨主义,走向一个非暴力的社会。①

考察吉登斯的理论,可以发现他的思想很广博,我们有几点需要留意。他的社会理论有"本体论的关怀",他超越了那种把主体性和客体性严阵对峙的倾向,为此他提出了结构二重性理论的方案。稳态的结构具有客观制约性,而正在变动中的结构又体现了人的主观创造性,这样就可以在社会生产的动态中来理解结构。结构是下一轮活动的前提,同时也是发挥实质作用的东西,它是实践的中介,也是结果。结构和能动不是对立的,二者统一于"结构化"的过程之中,结构化就意味着结构制约行

---

① 值得一提的是,上面的吉登斯关于"后现代性"的四个方面的构想既是关于未来社会的愿景,同时也是改造现实的建议。至于一般地说到改造现实的建议,吉登斯在《超越左与右——激进政治的未来》一书中提到了六点构想(重建社会团结、转向生活政治、推行创新型政治、发展对话民主和情感民主、以积极福利的模式改革福利国家、消除暴力等),不难看出,这六点构想和上面所说的四个方面的构想之间有部分的重叠。另外,这六点构想保留了一些社会主义思想的价值。

动和行动创造结构的运动方式。现代性有四个维度,即资本主义、工业主义、监控系统和军事力量,在这四个维度的背后,存在着三个动力来源:时空"分隔"、抽离化(象征性标志和专家系统)和反思性。在它们的推动下,高度现代化的时代来临了。高度现代化的特征比较明显,即由于全球化冲击而形成了各种过程的复合化、深度的裂变以及"后传统"的降临。高度现代化社会的风险如此之大,以至于世界进入了全球风险社会。对晚期现代性的超越策略至少包含这些内容:构建后匮乏的经济、重建环境伦理、开展多层次的民主活动以及构建非暴力社会等等。

第七章　反　　思

　　通常讲,社会(society)是以实践为平台而互相关联的人的生活的共同体,是人们相互交往的结果或产物。在《旧唐书·玄宗本纪》之中有"社会"这个表达,那时用的"村间社会"乃是中国见到的"社"和"会"两字的较早的组合使用,其基本涵义是人们为了祭神而聚集在一起,这与当今的主流用法差别较大。"社会"通常是指人际的交互联系和共同活动(比如社戏、结社等等)。

　　社会学中的"社会"有两层不同的意涵。广义的"社会"指的是与"自然"相对的"社会",亦即和万物相对的人所创造出来的一切东西的总和(如宗教、道德、法、典章制度、政治、经济等等)。而狭义的社会则是关于复合的人的聚集状态,像家庭、公司、学校、城市、农村等就是狭义社会的例子。大学(university)最开始的意思是:知识和学习的共同体,那是学习文、法、神、医,培养法官、律师、牧师和医生等的共同体。

　　马克思主义经典作家对"社会"有其独到的论述。马克思指出:"社会——不管其形式如何——是什么呢?是人们交互活动的产物。"[①]按马克思的看法,社会是人们交互活动的产物,是以人为中心的,是人得以真正有其立足之处的共同体。当然,社会并非单个个人的堆积,它不是简单的算式的相加,它是人与自然

---

① 《马克思恩格斯选集》第 4 卷,人民出版社 1995 年版,第 532 页。

之间和人与人之间双重关系的辩证统一。经济结构、政治结构、文化结构一起有机地形成社会的总体结构。

可以看出，社会是以人为中心或承担者的、以文化为内在纽带的、以有目的的生产为基础的、具有必要的自身调理机制和特定地理空间的有组织的系统或共同体。它涵摄如下层面：

第一，宏观上说，它泛指以人为中心的整个人类的集合体，与"大自然"对应。马克思主义经典作家所说的社会形态（如奴隶社会）、社会制度一般是在所谓"大社会"这个维度上讲的。人们常常所说的经济、政治、文化三位一体的"体"即是指"大社会"，不可能存在一种脱离开经济、政治、文化的"社会"。当然啦，多数后现代主义者因其反对"整体性"，往往不可避免地拒绝讨论这个层次上的"社会"。

第二，从"中观层次"上看，"社会"指的是社会结构、社会阶层、社会保障、社会流动、社会政策、社会组织、社会环境、社会控制和社会整合等等。如果提到"社会建设"，那基本上就是从这个层次上来讲的。

第三，从微观上看，社会大概相应于社会学中的狭义的"社会"，即复合的人的聚集状态，主要指某一区域的"社会"，比如，农村社会、城市社会、社区、街道、学校、家庭，可以称之为"小社会"。

不难看出，后现代主义者主要从不同的方向和不同的"节段"来讨论第二和第三层面的"社会"。

第一节　思想速写

从利奥塔等几位学者的文本中可以看到很有特性的贡献，为了清楚地展示它，我们不妨对诸位学者的思想来一个有针对性的"速写"。

一、思想速写

对思想家进行纯而又纯的"写实"几乎是不可能的,所以,我们对六位思想家所作的速写免不了要附带一些商榷性的看法。

(一) 利奥塔

利奥塔认为知识成为生产力和权力,它同时也是权力争夺的战场。他"解构"了整体性的观念,提倡异质性的思想,否认单一的原则,认为后现代的"科学"就是寻求和研究不确定性。现代性的学问就是任何将元语言作为自己合法性根据的、求助于宏大叙事的现代科学,他反对现代性,提倡"小叙事"。他把非理性的力比多当做经济活动的基底和指挥棒,从而把主体和经济关系等等还原为力比多及其蔓延、分布、流动和配置。他还借用"语言游戏"的学说,把人的位置和位置的移动解说为贯穿着人的各类细小叙事的陈述和陈述之变化,以语言游戏作为社会关系的最低必要的关联,独特而异质的语言则像风中的蒲公英一样散播,从而以竞技式的和灵活多样的活动变更着旧体制的局限以及催生着临时性的结果。在政治生活中,宏大叙事境遇中的公正以其一般性的价值来压制差异,这本身就是不公的,公正意味着差异性、多元性和异质性的追求,政治成了对相关判断的批评和意见之纷争的场域,利奥塔甘居于"少数派"之中,他追求没有任何一派垄断的政治形势。当人们怀疑此种所谓的公正游戏沦落为自欺欺人的策略之时,利奥塔捞起一根救命稻草——先验判断力,欲以其来区分公正游戏和骗局。而在"合法性"的问题上,利奥塔认定思辨式叙事和解放式叙事都失去了合法性,在非决定论的背景下,可通过"误构"来达到合法性,新陈述和新规则在开放的原有陈述中产生。人们要做的事情就是不断地跟随和追求差异，超出已有领域，追求规则的更新，不断地联结诸异质状态，让总体性的永恒的宏大建构的"神话"让位于临时性的协定。

利奥塔基本上没有提出积极的和正面的建议，在正面的知识创新机制方面、社会治理主体和治理机制方面、公共管理和交往效率方面以及社会秩序的架构方面建设不足。当然，这或许是多数后现代主义者的通病："后现代主义谴责现代社会以及它在实现自己的各种承诺方面所遭遇的失败。"[①] 这就缺乏厚实感，因为一味破坏而少建设的人基本上把自己置身事外，无意之中倾向于把自己作为"旁观者"，然而，人是社会的人，思想家又如何置身于社会之外？ 当然，利奥塔也强调"创新"，但那有形式上的创新和猎奇之嫌。

利奥塔把语言游戏作为社会关系所必需的"最小要素"，他也基于所谓的定义式语句、感叹式语句、命令式语句和期望式语句的不同来讨论语言游戏的不同，但这主要是形式上的不同，除此之外，还有"内容上的不同"：经济、政治和文化方面的语言游戏是十分不同的，作为数学公式的语言游戏、作为律诗的语言游戏和作为数理逻辑运算的语言游戏以及作为传教的语言游戏之间的差距何其大也！ 遑论它们和经济政治领域中的"语言游戏"之间的巨大的不同！ 其间的区分仅仅根据定义式语句、感叹式语句、命令式语句和期望式语句之不同而进行分析就万事大吉了吗？ 同样是所谓的"定义式语句"，数学中的定义句和基督教中的定义句之差异何其大也！ 利奥塔本应在内容上进一步仔细

---

① 乔治·瑞泽尔：《后现代社会理论》，谢立中等译，华夏出版社 2003 年版，第 12 页。

地分析其中的巨大差异！严重的是，不更进一步地做此种区分以及进行辨析的话，就很容易忽视乃至混淆不同类的语言游戏的内容上的差别，也有可能弄出不强调内容差异的"平整的叙事"，而"平整的叙事"除了是变相的宏大叙事之外还能是什么呢？这不正是要被极力避免的东西吗？

利奥塔反对"整体"，当然，很多其他后现代主义者也这样。反对整体，在某些情况之下当然是可以理解的，比如在发挥人的个性之时，再比如在一人做事一人当的时候。但是用"一刀切"的方式反对整体，恐怕失之偏颇。无论是利奥塔本人提到的"公正"，还是我们常常说到的"真理"，抑或是其他类似的重要课题，它们其实都有一个"上下文"或背景，而这个上下文或背景归根到底关涉到"整体"！公正也罢、真理也罢，与此类似的东西也罢，必须要求相关的事情自身显现出来或者如其本源地公开出来。当且仅当人和相关事情相遇时的敞开活动不歪曲相关事情的时候，相关事情才能真正地作为其自身而存在，此种敞开活动当然没有什么形式和范畴之类的形而上学预设，此敞开活动中的人处于自我开放之中，相关事情处在自由的敞开之中。自由的敞开有其"来源"，而此自由敞开的来源则是隐秘的，因为此来源本身绝不可能像块石头（以及诸如此类的其他存在者）那样在场，来源本身恰恰"不在场"！这不在场的"来源"就是存在者存在于其中的"整体"。隐秘的整体只在各类事情的展现之中现身，但这不可成为否定整体的原因。人在整体之中方为真正的人，相关的事情在整体之中方为其自身，方有其来源，反之，没有整体的事情就会是没有来源的事情，而没有来源的事情也就是没有历史的事情，也就是人们既不能说它是其自身也不能说它不是其自身的"东西"，在这个没有整体的平台之上，哪能有什么真正的公正或真理等等！可见，利奥塔以及相关人等对整体的"一刀切"式的否定注定是令人遗憾的！

（二）福柯

在福柯看来，我们是自身的规训者，是存在于语言和"行为"母体中的做出选择的代理者。在文艺复兴时期，人和万物之间有相似性，人就像一个微型宇宙。而在福柯所谓的"古典时期"，人是知识的主体。在现代，人是知识的对象，而在能指活动、结构和无意识等等这些"条件"面前，人之为知识的主体和对象这回事显得"太形而上学化"了，这样一种形而上学的假定已经失去意义了。对于"性"这个曾让人谈之色变的话题，福柯做了探究，以至于从探究中认为人乃是在多元快乐中自我创造和自我建构的自由体。就人的处境而言，权力之网无处不在。在边缘群体和非边缘群体的关系问题上，理性独白式地切断了其与癫狂之间的对话，疯癫者被关入疯人院，穷人、失业者等也会被关押起来，而限区之外的任何人若是言行跟理性标准不一致的话，立即就可能被"圈禁"和被监禁，于是，理性开始了对他者的全面驱逐和对整个社会的监控。理性名义下对癫狂的裁定表明癫狂应受到理性的强制管辖，于是，理性和"知识"就有了凌驾于非理性之上的权力，就有了制定标准的权力。而在规训的权力之问题上，情形更为复杂，规训竟是纪律、教导、纠正、训导和学科的汇聚处，它在管束身体的同时制造着知识。中世纪末和"旧制度"时期的杀一儆百的公开酷刑在充满变数的场合下容易导致骚乱和暴乱，所以，残酷的报复应该让位于"惩罚"。新的方式让权力以平整的方式可以管束社会的最小单元，于是出现了一种"符号"，它表示行为者一旦犯法就会遇到巨大的障碍，观念"结对出现"或成对出现（如犯法和受惩结对出现）而发挥功能，社会行为被编成符码,从而整个弥散的非法活动领域可以得到操控,这是可适用于整个社会的手段。现代则有全景敞视主义的规训机制,无限期规训成为刑罚目标,检查没完没了,卷宗不断添入"必要"的内容,编年资料源源不断地被存档,"维稳"的细目不断地落实,监视和登记遍地开花,"考勤"和年终"等级考核"周而复始地进行,在这个平台上,监狱、工厂、学校、兵营、医院之间似乎没有本质区别,整个规训社会就如同一座大监狱。监狱的职能之一在于惩罚过失犯,但大部分过失犯恰恰是在监禁中由监禁本身制造出来的,"准监狱群"本欲预防违法行为,但大部分违法行为恰恰是在现代规训中被制造出来的。最后只能是为了规训而规训,为了惩罚而惩罚,手段成了目的,这样就越陷越深了。于是,问题又转回到人身上,身体自身的强力与(规训身体而令其遵命而动的)加诸身体的权力处于斗争之中,此种持久的斗争乃是社会关系的基础,斗争中的某种均衡为社会关系的平稳提供了"平台"。

福柯所说的知识跟权力紧密联系而不可分割,正如瑞泽尔所说的那样:"为知识而知识,非为权力而获取知识的观念被福柯所拒绝。"[①]知识被权力化了,在知识的生产和运用之中,对于自己和他人的管制几乎在同步运行!这样的观点不能说是错误的,因为交往中有极为重要的知识,比如某某事情是否有危险等等。生存着的人类要有这样的知识,更要有此种知识的积累和传授,这样一来,我们就在克服困难的时候增强了自己的能力,增强了自己的能力则在某种意义上催生或加固了自己的某种权力,因为在知识的传授过程中可能同时伴随着传授者对接受者

---

① 乔治·瑞泽尔:《后现代社会理论》,谢立中等译,华夏出版社 2003 年版,第 63 页。

的"洗脑"和暗中的"控制",等等。通过知识,人们改造自然、征服自然,也在征服他者(人以外的存在者以及他人)。这样一来,在局部和局部的冲突中,人类相互之间就会在知识的层面之上展开控制和反控制、统治和反统治的权力分配乃至崩溃之后的权力的颠倒性的重新配置。聚焦于这条思路的话,知识乃从权力而来,真理性的知识就是权力,就是控制他人的权力。谁有权说某某是罪者?谁有权把别人监禁起来乃至判处极刑?如此等等。只有权威者或权威部门才可,而它们无疑掌握着相关知识或总是率先掌握着相关知识。这样一来,知识实际上也以权力的方式存在于社会之中。如此一来,福柯的相关说法不能说没有道理。

　　然而,倘若除了权力化的知识之外,还有一种自由的知识的话,我们就不能不注意知识的多种维度。实际上,在现实交往经验之外,在实际需要的控制之外,还有一种亚里士多德在《形而上学》第一卷中所讲的"那为着自身,为知而选择的科学"。[①] 这是超越于功利的知识,是自由的知识,比如数学中"四色定理"的证明、逼近哥德巴赫猜想的"陈氏定理"的证明、2010—2011 年有人以 IBM 蓝色基因/P 超级计算机对圆周率 π 的小数点之后 10 万亿位的精确,等等,这是来源于理性的好奇的知识。理性的好奇的知识?这是否堕入偶然的心理因素?不!世界本身就已经以这样或那样的方式在吸引着人类,世界自身吸引人去认知,充满奥妙的宇宙引领人们探本求理、追根溯源!此乃理性自身能动性的天然表现。这种自由的知识乃处于福柯的知识观之外,但它是实实在在而不可否认的,所以,福柯的知识观不能说

---

① 《形而上学》982ᵃ15。

是全面的。

此外，福柯的思想中有"泛权力化倾向"。一不小心就抹杀了统治阶级对劳动人民的权力上的压制和镇压，为什么？因为福柯说权力的压制本来就无处不在嘛！他所说的权力和尼采所讲的强力意志有内在关联，都是把真理放在"权力"之下。尼采认为万类竞长、生生不息的世界业已证明了能动的意志的遍在和支配，对此，福柯必定有其心得，他以权力的无所不在"置换"了意志。不过，生生不息的"原初现象整体"既不能仅仅被理解为意志，也不能仅仅被理解为权力，讨论权力的遍在性无疑是对生生不息的世界的一个"局部性的描述"。有人会说，对于福柯而言，何不把权力换为"引导"？知识和"引导"有关，"引导"无处不在，不说"兵营、工厂、学校等等都是监狱"，而说兵营、工厂、监狱等等都是"引导人的学校"，可乎？话说回来，此二种思路在某种意义上讲只是中心线索或"关键词"不一样罢了，它们跟某些狂热的宗教徒宣称神无处不在的说法"在路数上"是一样的，跟系统论者宣称任何事物都是系统之说法在理路上也是一样的。我们不想以"月映万川"来打发之，这里的问题涉及"侧显"和事情本身的关系。很多人认为侧显出来的不是事情本身，因为它仅仅涉及到一个侧面而已，它没有综合各个不同方向所得到的结果。然而，就算把各个方面的结果都予以综合，真的就万事大吉了？且不说有些事情的面相趋于无穷而让这种做法落空，还有事情在历史中的变迁又将如何处理呢？其实，"侧显"到底有没有表现事情本身这个问题的关键在于：侧显的时候是否排除了预设或形而上学的框架。另外，福柯有没有用枝节性的东西去侧显相关的课题或事情本身？这个问题虽然只有极其有限的意义（因为被侧显者本身也要被解构，甚至"侧显"也要遭到解构），但它让我们看到了福柯思想中的其他值得商榷的方面，即所谓"权力"的无处不在不可以否定其他项目（如"理"或超越等等）的遍在性而独尊。

还有，福柯以快乐的主体或主体的快乐来应对无处不在的加诸人身的强力，这里的"快乐"值得商榷。尽管福柯所讲的快乐是多元的，但无论如何远远没有达到快乐应该有的多元性，因为他把"性"作为求解快乐之秘密的线索。假如仅仅在非完整的意义上讲人的快乐，那么，福柯的说法似无不可。然而，如果是在人的整体的层面上讲快乐，那么就必须还要注意以下方面：快乐在与"饥渴"相关的饮食文化和饮食养生中可达到高峰，快乐在情绪——喜怒忧思悲恐惊——的"发而中节"的层面上也可达到高峰，在好的往事的回忆、身体的健康、思辨的幸福、拯救、觉悟中更有极致的表现。还有它们之间的错综复杂的微妙的关系呢？仅仅从一个方向讲快乐有失公允（奈何用之如锱铢？），这也会丧失不同类"快乐"之间的相互对照的网络式的相互引发的效应，这是不妥的。

（三）鲍德里亚

鲍德里亚提出所谓的"符号价值"，它是"商品"给消费者带来的地位感、尊荣感和高贵感等等，对它的追求构成了当代社会的内在逻辑——地位逻辑或差异的逻辑，于是乎，符号消费似乎独领市场之风骚。人们购买所需物，这来自于符号世界中的符号告诉他们应该购买如此这般或如此那般的东西，需要本身乃是被符号或有差异的符号系列所决定的，你、他和我有无区别以及有何种区别，这主要得看各自所消费的物品的符号价值。鲍德里亚的"政治经济学"认为，就当今的形势而言，"符号系统的全面控制"比起物质资料之生产方式的统治更能描述实情，符号只走自身分化的轨道和模仿(指符号对符号的模仿)的路子而全然不顾"实体和实物",社会领域出现了符号消费的总动员,消费再生了资本主义系统,统治形式乃是符号之统治。在模式生成(指"参照的能指"的生成)的情形之下,输出端的东西都从"模式"散射出来,所以,任何东西皆出自模式而没有自己的目的,生产因"模式生成"而失去目的之后就像"符号"一样运转。个人就像网络中的微小的终端一样,被"收容",被给予一个"合适的"岗位,劳动力不再被"雇佣",它自我交易或被迫进行自我交易。看来,生产与消费系统融通了,而自由时间的活动跟劳动一样也是同样的动员——被编排、被指派、被要求。这表明整个社会都呈现出"大工厂"的面貌,劳动达到了它的完成形式,迎来了自己的"末日",这对工资、货币、工会、罢工、阶级间的关系等等带来了全新的变化。现在,符号仅仅跟其他符号发生关联,符号的意义只能在符号之间的关系中才能呈现出来,它一味地自顾自地增值,存在着的就是符号间的相互模仿,符号秩序本身造就了没有指涉物的"超现实",它比现实还要"现实"。信息轰炸、民意测试和调查早就像编好的程序一样把自己不愿看到的东西一次或多次迂回地巧妙过滤掉,人就像游荡于信息海洋中的无法自主的漂流瓶。出路何在呢?回答之一竟然是:给出跟现代社会之死亡不同的"作为象征交换的死亡",这是将生命作为礼物付出去的、不存在回报之可能性的策略;回答之二就是静候物极必反之裂变的到来,即是给出一个"无法返还的回礼"——不计后果的消费。不难看出,此二种策略基本上是策略本身的某种解构。

鲍德里亚的许多批评很尖锐,但是,他把"符号消费"放在比"物品消费"更重要的地位上,让前者为后者奠基,这是十分奇怪的。对于那些每天和实体生产打交道的人来说,对于那些在贫困线上挣扎的、暂时只渴望必需品的人来说,对于那些朴朴实实的劳动农民来说,"符号价值"如何解决他们的切切实实的问题(如饥寒问题)? 如果鲍德里亚被安排不带生活资料而在野外进行生存的极限考验的话,恐怕他不会把商品的消费主要看做符号价值的消费。鲍德里亚的不少说法在某种程度上缺少接地气的底层关怀,似乎只是对奢侈富人的所谓的大都市生活的素描。

鲍德里亚对一些重大的区分予以"解构"。他说在仿像的第三个等级——仿真——的层面上,只有所谓的符号与符号的关系,而没有符号与"相关现实"之间的关联,这一点未免太奇怪了。如果说对主客二元对立的"解构"可以接受的话,那么,对于真实与虚假之区别的解构在原则上却是不能接受的。什么叫做"符号只走自身分化的轨道和模仿(符号对符号的模仿)的路子而全然不顾实体和实物"? 什么叫做"存在着的仅仅是符号之间的相互关联"? 什么叫做"符号秩序本身造就了没有指涉物的'超现实'"? 这恐怕是一种态度,一种主观的看问题的方式,它不能取消"生存方式的立足点"。就算十年前从地底下挖掘出来的一件独一无二的古董被复制之后原件被毁导致此后仅有对于复制品的无穷的"再复制",那也不能说没有原件,因为原件的存在方式和复制品的存在方式(以及"再复制品"的存在方式)不一样! 这里的不同的存在方式是不可替换的,前一种存在方式无法被后一种存在方式代替(恐怕这一点可以击中鲍德里亚的要害)。同样,符号的存在方式不同于"曾经的"(仿像的初级阶段之时期的)现实的存在方式,仿真的存在方式不同于"曾经的现实"的存在方式。鲍德里亚难逃"不接地气"的指责,甚至可以把杜威的指责转用于他的身上。杜威思考了知识和实践的对立,这个对立起源于主人和奴隶的等级差别,它的社会学意义跟"闲暇与劳动"的分野紧密关联：一边是优越地位的安静环境中的优哉游哉的"完善"，一边是不得不靠双手的劳动维持生计的活动，相关的静态的思想派生出其他诸如本体和现象对立意义上的种种二元对立，前者被认为是高于后者的，因为发明此种对立的理论家自认为自己思考的对象高于实际生活的对象。鲍德里亚难逃被杜威式的思想予以指责的嫌疑：自认为自己思考的"超现实"以及只与符号本身发生关联的符号和符号价值等等高于实际工作的"对象"。此外，鲍德里亚的"超现实"与柏拉图的洞穴有其相似之处：符码对应于洞壁上的影子，秩序片段化对应于洞穴和外部环境的分离以及洞穴内物和影子的分隔，被符号掌控的人就像被缚的和只能看到影子的囚徒一样。古代的柏拉图诉诸心灵的转向、辩证法的训练（是否真的有效暂且不论），而鲍德里亚诉诸"作为象征交换的死亡"以及随世沉浮和顺应服从的、宿命的、静候"物极必反"来临的策略。策略是在进步还是在倒退，这是不难判断的。

（四）德勒兹

在德勒兹看来，生命对非个人官能之力量的创造由科学体现，生命创造感觉和情感的力量由艺术体现，而生命创造概念的力量则由哲学体现，时间中生命的"重复"在不断地肯定生命自身的独创性。生命的提升离不开欲望，欲望类似于开工和生产的过程，欲望的利益最终产生出共同体，比如资本主义，它通过点燃"欲望-机器"，通过生产过程而形成极为强大的能量，它摧毁了前资本主义制度对人的束缚。不过，资本主义社会的各种新的建制却压抑了欲望的扩张，压制了欲望-机器，于是需要精神分裂之分析。精神分裂之分析意味着把精神分裂状态作为解放的力量，要永不停息地创造意义，即发动无潜抑的欲望之生产,对"潜抑"予以破坏以及对欲望生产予以发动和扩张。放眼国际社会,战争的阴霾令人忧虑,国家依靠军事体制的形式构造出相应的战争机器,在这个节骨眼上,战争机器会以战争为其首要的目标,由此蔓延开来的世界性的战争机器展开了全球性的包围和封锁,怎么办呢? 游牧活动、弱势群体的抗争、人民的和革命的抗争等等形式之中的解域、逃逸以及辗转于平滑空间中的自由活动或可指示出一条脱困之道。

在德勒兹那儿,主体完完全全被欲望或"生产机器"所规定,他主张,不要对欲望予以潜抑,否则就会产生不恰当的压制。当代的资本主义以及精神分析学说就是对于欲望的压制,它们是负面的。正确的做法就是让欲望去扩张、去生产。这里有一个前提,即可供欲望扩张的空间是无限大的,可供欲望去消耗的资源是无穷多的,但这两个前提显然都是无法成立的。在不同人、不同团体、不同民族和不同国家之间因为欲望的扩张和生产而发生摩擦和重大矛盾之时,由谁或什么力量来裁决? 德勒兹显然不倾向于认为由某种主体来裁决,因为欲望比"主体"更具有根本性。由欲望本身来裁决? 不太可能。因为要么该裁决造成压制,要么欲望的生产和扩张压根儿就不会做出(强制性的)裁决。还有,理性者之间尚有各种无穷无尽的冲突难以理清,何况受非理性之欲望所支配的人? 用欲望来探究社会问题和解决社会问题,怎知欲望像不像魔术师所召唤出来的开始无患而后来却无法掌控的魔鬼?

(五) 德里达

德里达的解构主义批评了形而上学视野中的"人",后者来源于对终极实在本性的假定。形而上学所假定的"人"的概念让"在场"凌驾于不在场,错误地认为此恒定的在场使得相关的"感性事物"生存并具有价值,非形而上学视野中的"人"是谁呢？离开文本和意义是不可能谈论这个问题的,人是处在文本读解中的、解构文本或进行书写的语言游戏者。依照德里达的思路,社会本身也被文本化或"书写化"了,社会也必须通过文本或书写才能真正被理解,尊重"它在"的解构使得现有秩序下的决定变得富有责任或更加富有责任,解构的施行会涉及到培育一些含有未来的不确定成分以及挖掘导致现有秩序更新的东西,而这就意味着"公正"。对现存的民主政治的超越恰恰就是民主运动的自动的要求,超越的方法就是解构——尊重和开放地包容"它在"。让"它在"的声音不被压制地释放出来,这种对于"它在"的尊重其实被包含在民主的朴素涵义之中;对"它在"的开放而灵活的容纳也是民主的基本要素。围绕着马克思主义精神而形成的社会主义的形式不是单一的。当一些人企图形成霸权式的政治言说之时,这是独断论的东西,这是追求统一性的形而上学的结果,是要被解构的。马克思的精神遗产就是在不断争执的声音中发展自身、突破自身,并进入异质的形式之中。马克思主义的精神可以被表达为:愿意接受自我变革、价值重估和自我再阐释的自我批判。这对于当今社会中的各种各样的霸权话语和负面现象来说无疑是一剂良药,马克思主义的独立性的批判精神对于未来的公正是不可或缺的。

德里达倾向于把社会文本化,他没有进一步区分各种不同类型的文本,这就有混淆性质不同的文本的可能性,而此种混淆极有可能回避了重要的问题。社会文本因性质的不同而有特别明显的轻重缓急之分,德里达似乎没注意到这一点。解构有时候的确能够让"原初的呈现"当下地"在场",确实可以让原始的"构境"展示出来,解构也主要通过"书写"而体现出来,德里达的解构体现于他所"书写"的各种本文之中。不过,对逻各斯、物质、意识、在场、本质、结构等的解构在社会交往之中往往仅有消极义而无积极义——尤其是对"人"的解构(人最后成了处在文本读解中的、解构文本或进行书写的语言游戏者)。社会生活需要人格、单元、文本的稳定性、根据的共同通达性、实践和经验的可协调性以及规则和建制的相对持续性等等,而这一切在"解构"的层面上全都无法维持。余下的似乎只有这样了:略带嘲讽地看着可怜的、无数的、等着逐一被解构的"在场者",怜悯地看着将遭受新一轮解构的于"第一次"解构之时被"书写"出来的文本。这种无定解和无终解的游戏之体验恐怕只是生活海洋中——尤其是分阶段分轻重分缓急的现实生活中——的不应被特别突出和凸显的一部分吧!

(六) 吉登斯

吉登斯的思想十分丰富,从中可以发现很多值得借鉴的东西。吉登斯为了防止人们以外在的和旁观的方式研究社会,提出了结构和"结构化"理论,结构意味着客观制约性和主观创造性的融汇并存。结构既以限制人们行动的关系和规则而呈现于社会层面上,它同时亦以结构关系之内化的目的和计划而呈现于人的思想意识之中。"一身二任"的结构既是下一轮活动的前提,也是发挥作用的东西,它是实践的中介,也是结果。正是我们自己创造或改动了结构,从而为我们加上了"限制"。与此同时,行动会强化结构,并因此而塑造下一刻或下一场合中的行动方式。结构和能动不是对立的,二者统一于"结构化"的过程之中。结构化就意味着结构制约行动和行动创造结构的运动方式。

在提到现代性的时候,吉登斯把现代性作为"问题"而提出来，认为它是被变革的对象而非值得拥有或值得继续拥有的东西。现代性包含有资本主义、工业主义、监督系统（或监控系统）和军事力量四个维度。这四个维度可以合称如下：伴随监控的资本主义之军事—工业主义。在四个维度的背后，存在着三个动力来源：时空"分隔"、抽离化（象征性标志和专家系统）和反思性。

吉登斯认为，当所有社会主体的反思能力不断增强的时候，人们反思性地运用知识建构世界，因此也就无法绝对地断定知识的特定要素不会遭到修正，于是，高度现代化形成了，它的特征是：全球化、深度裂变和"后传统"的降临。在高度现代化的进程中，风险强度空前加剧，风险的环境也得到了史无前例的扩张。更为重要的是，已有的制度不光不能规避风险，反而还在不断地制造新的风险。如此一来，当今世界进入了"全球风险社会"。

在吉登斯看来，"后现代性"乃是一种超越了现代性的"运动"，是脱离或超越现代性的各种制度的一系列的内在转变，是一种"更胜一筹"的秩序或形态，它在未来是可被实现的。实际上，后现代性就是对现代性的超越。相应地，吉登斯所设想的未来的好的愿景体现如下：构建后匮乏的经济，在科技人道化背景下重建环境伦理，开展多层次的民主活动尤其是发扬协商民主以及构建非军事化的非暴力的社会，等等。

二、特色性的贡献

这些学者或思想家的相关思想中表现出了"对于意义世界的追求"，这是一个特色性的贡献。之所以说这是一个贡献，因为它否定了主客二元对立的思维模式在社会研究中的运用。主客二元对立的思维模式当然不是哲人们杜撰出来的,它植根于人类认识那曾经强大无比的大自然以及改造那变化难测的大自然的活动之中,这种思维模式是在人与自然的对立中建构出来或概括出来的。这种思维模式尽管有其积极的一面,但它在社会研究之中有其力不从心的一面,因为它把社会现象当做外在之物来看待,或者也可说是把社会现象当做物理现象来研究。把社会现象当做死的东西或客观的东西来研究,这就无法与人的意义世界进行真正的沟通,这就与精神的内在性基本绝缘了。若说社会现象具有客观性的维度,那么,与此同时,社会现象也有主观性的维度或精神性的维度,而"对于意义世界的追求"则明白无误地强烈宣示:社会研究中的主客二元对立的思维模式绝非社会研究之全部!后现代主义的社会理论确凿地点明了这一点。利奥塔关于叙事方式之转变的观点和知识状况之变化的描述,福柯对理性的反抗和对话语控制的警惕,鲍德里亚对"象征交换"的论述,德勒兹对欲望的描述,德里达对"颠覆和改写"的刻画以及吉登斯对"抽象系统"的"超越"等无不体现了对"人的理解"与"活生生的体验"的追寻,亦即对于意义世界的探寻。

　　与此相应,后现代主义者否认在人们的意识之外存在着现成的有待于人们去认知的客观的社会事实或社会系统,从而认为人们不可能越出语言设定的限制去达到所谓的"客观存在"。在此背景之下,后现代主义者反对"人的认识乃是对于对象的再现或表象"的观点。为什么呢?"被认知者"并不是业已完成了的,所以严格讲来也就没有对于现成对象的"再现"。与再现紧密相关的是总体化(Generalisierung)和形式化(Formalisierung),前者约相当于实指的排序或概括,后者意味着给出一个纯形式的规定性。不管怎样,再现或表象意味着把切近的东西推拒在外,将其当做对象来予以接受,这样就使得真正要被经验的东西与人疏离了。所以,这被后现代主义者所抛弃。后现代主义视野中的认知乃是人们在特定限制下完成的"建构",我们能够加以探究的是各类"文本"等等而非客观现实。不难看出,后现代主义者的这个贡献是发人深省的和积极的。

第二节 相应的疏导

后现代主义社会理论的一个重要特征是其批判性,批判是不是一种建设呢?只有当被批判对象的弊端特别严重(或远超其优点)的时候,击中要害的批评或批判才可能被称为是建设,否则就极有可能沦为破坏——正如某些毒物在行医活动的特定情况之下可以是(以毒攻毒的)有益的药物而非一直如此。

批判在有些时候犹如洪水,可以泛滥致灾,也可在被疏导之后成为无害的东西。后现代主义的社会理论中的批判也需要被疏导一下。

对后现代主义社会理论中的批判进行疏导,这是一件麻烦的工作。做这样的事情,首先需要找到一个比被疏导者更加广阔的视域,然后进行细致的辨析。下面依次进行此项工作。

一、关于整体的问题

利奥塔反对整体性,但正如我们已经指出的那样,整体性涉及"上下文",涉及到真理的可能性的问题,不可将其一棍子打死。现在,我们就此展开进一步的探讨。

后现代主义者和现代主义者发生论争或不同的后现代主义者之间发生论争,这实际上表明他们之间面临着共同的问题或问题域,否则就不可能发生论争。那么,问题从何而来呢? 从经验而来,进一步言之,问题是从一个整体的经验视野而来的。整体的经验视野一般会被认为是自然和人或者"自然和人事",有人也许会说,我们讨论的是社会问题,好像跟"人与自然"的话题关联不大。其实不然,所谓的社会就是连接"人"与"自然"的纽带! 随着见识的丰富,人把"世界"给"社会化"了。又有哪个人的世界是完全孤独的和封闭的? 没有! 世界是社会的世界,在世界之中存在就是在社会之中存在。

当整体的经验视野被认为是自然和人之时,这常常被认为是一个简单的问题。实则不然,西方文化中有一股强烈的"天人相分"的倾向,这实际上把"整体"断为"两截":自然以及和它不同的人。虽说自然和人确有不同,但是,靠把相分的二者加起来弄成一个整体的做法是"太迟了",因为相分隔的人和自然(也许更好的表达是"隔开的人"和"隔开的自然")严格讲来不仅是成问题的,而且似乎是不成立的。

这其中的原因不难明白,因为世界上并没有纯粹的自然现象。例如,在面对日月的时候,尽管阿波罗或嫦娥都是神话人物,但是太阳和月亮对我们绝不可能仅仅具有物理学上的能源之意义,它们同时也是我们精神能源中绝不可缺的东西! 旭日东升或者皓月行空,有谁能完全毫无感触、漠然置之? 有谁能否认它们跟人的情感和精神之间无法割断? 还有人会说:上古时代的人们如果把月亮当做"神"来崇拜是可以理解的,那么,在航天科技高度发达的今天,在人类的足迹已经踏上"月球"的今天,还要把月亮当做神来崇拜就是十足的"迷信"了,这样是不是就有了纯粹的自然现象呢? 答案仍然是否定的。对此可以这样来看,假如一个民族"一直以来"崇拜月之"神",以至于这个崇拜成为该民族的标志，而自然科学突入这个民族，打破月之神的崇拜，把这个民族"启蒙"到当代的高端科学上来，后果可能就是："迷信"消失了，与此同时这个民族也不复存在了（就像很多物种和很多种民间工艺正在不断地消失以至于可能引起不可逆转的后果一样）。当然，这种设定和相应的推论较为极端，通常的情况是，当事者在这个巨变发生之前的漫长时间之内，早已慢慢形成另一套观点，不过，这另一套的新观点之中仍然没有纯粹自然现象的容身之地。

既然世界上并没有所谓的纯粹的自然现象，既然自然现象总是和人以及和文明或文化分不开，那么，不讨论自然问题或物质问题就是不合适的做法了，后现代主义的社会理论恰恰逃不脱这个指责。有研究者指出，后现代主义的社会理论不关注生活中具有举足轻重地位的"物质问题"。这种缺失表明，后现代主义的社会理论失却了"自然和人"的整体视域，他们忽视了具有关键性意义的问题。物质或自然乃是不可缺少的背景或"环境"，若是没有这个或隐或现的环境，则人或社会如何存在？更为重要的，上面已经讲到，自然现象或物质现象总与文明或文化有关，那么，离开自然或物质的视域去讨论"社会"就是片面的、未顾及整体或大局的做法（譬如过分强调文本的"自我参照性"）。

在"自然和人"这个整体中，先要弄清两点，其一，若把自然区分有"无机自然"和"有机自然"则有其不妥之处；其二，自然和人在形式上可分，而在实质上不可分。澄清这两点之后，研究社会的整全视域就呈现出来了。

首先，从所谓有机自然的来源和存在的场所及其动变来看，它已经深深地渗透在无机自然之中，而且深深地嵌入到了无机自然之中,二者之间存在着"你中有我、我中有你"的关联。如果说无机物的特点是机械性,那么,有机物就永远也不能还原为机械作用,这也正如康德所说的那样:"一个有机物不只是机器:因为机器只有运动力,而有机物则在自身中具有形成力……"①在这里,一切都是存在链条中的环节。在所谓的有机物的层面上,可以考虑事物以自身为目的而组织起来的关系,考虑原因与结果诸因素的并存、交互作用和相互依赖。在这里,一样事物的各个部分与整体之间保持着"有机的"联系,它们按照一个类似于目的的东西而联结起来,结果是,事物成为有组织的和自行组织的整体性现象,那里没有哪一部分是完全无用的。在此视域中,有机体的各部分交互作用、相互依赖,并且在某一部分受损后能够自行修复,它具有自行组织的功能,能够自己进行所谓的"再生产"。这即是说,有机体不同于钟表之类的东西,它拥有自身的形成性力量,这种形成性的力量使之自行运作、自行发展。深入来看,不妨更进一步地以此观点来思考整个自然界,在承认有机体具有一个类似于"内在目的"的东西之时,人们会难以避免地把整个自然界看作是一个庞大的"自组织的有机整体",即一个有机的庞大的生态系统。假如自然界不是以类似于合乎目的之方式来为有机体提供生存环境的话,试问单独的有机体能够生存下来吗?不能。而现在的情况恰恰就是:有机体确实活生生地存在过,现在也存在着,未来还会继续存在下去。这就反过来促使我们有理由认为整个自然界是一个巨大的不可分的整体。在大自然中,许多东西(比如一亿多年前的化石等)古已有之,它们的材料永远在向四方发射着各种各样的信息,但对于它

---

① 康德:《判断力批判》,邓晓芒译,杨祖陶校,人民出版社 2002 年版,第226 页。

们的研究,则有一个逐步展开的过程,而这里的研究恰恰是在人和自然统一的层面即社会的层面上才能展开! 其次,就"自然和人"来看,人虽有相对的独立性,但就算在其最简单的活动中也与自然有内在的牵连。人们带着各种各样的偏好的规则去接近变化的经验现实,自然对于不同类的人而言是"不同的",那么,这主要不是因为他们对自然有相异的兴趣,也不是他们只对自然给予了不同层次的注意力,也不是因为他们觉知到同一个内涵之后仅仅关注了该内涵的不同部分。问题是,这里提及的所有行为都已经是发现"自然"或者跟"自然"打交道,就像发现一面它们在一开始就无法逃脱的"天网"一样(或者就像发现某种东西,此种东西的内涵已经展示着各种可能的"质料")。更进一步来看,在自然和人相对的意义上,并就自然和人的"存在方式"来考虑的话,自然和人的对照可以看做"潜能"和"现实"的对照(当然,自然本身的层面上复有潜能和现实两个不同的端项,而人本身的层面上亦复有潜能和现实两个不同的端项,这一点暂且不论),这样看来,人事之基或人道之基有其自然之根,否则,人道之基若在约定、意志、理性、心理,则全人现代主义之囊中,也必被后现代主义者所诟病。

"自然"在某个层次上意味着"自因",对它的认识是在自身之内并通过它自身而形成的。生生不息的自然在其本身之中蕴含着构造的趋向或倾向,潜藏着自我突破的萌芽,比如就植物和动物而言,生物体在存活过程中表现出来的适应是对活的自然的适应而非对死的自然的适应,正如舍勒所说的那样:"将生物体与周围世界之间存在的'适应关系'看作是对其周围世界的单方面适应关系(或者也看作周围世界对生物体的单方面适应关系,正如某种生命主义所主张的那样),而不把这两者认识为在此统一发生的生命过程的相互依赖的变项，这……是谬误的。若把这种适应理解为对死的自然的适应……就好像天文学的太阳属于那种例如一个蠕虫或一个北极人所须'适应'的对象一样，这便是完全谬误的了。"①当自然本身之中所蕴含着构造的趋向或倾向达到所谓的"临界点"之时，就仿佛是自然推着人上路以便达成人的自我成就！

　　人离不开自然，这句话是在两种意义上来讲的，首先，人的呼吸以及吃喝等生存的条件一刻也离不开自然，人在作为生物存在的维度上来自自然；其次，人在成就其自身的意义上离不开"自然"，即人在创造自己的生活的意义上也离不开自然或者人在创造文明的意义上也离不开自然。但这里的自然不是"自在的自然"，而是"历史意义上的自然"或作为实践活动之对象域的自然。如果说，人的呼吸以及吃喝等生存的条件一刻也离不开自然，那么，这绝没有把人和虫鱼鸟兽区分开来，因为虫鱼鸟兽也在该种意义上离不开自然。因此，人所离不开的自然在关键的意义上指涉着"历史意义上的自然"或作为实践活动之对象域的自然，亦即跟人的参与和（伴有改写的）"撰写"有关的文明观照下的"历史的"自然，这是本体论意义上的有意义的自然。我们赞同如下说法："随同人，我们进入了历史。动物也有一部历史，即动物的起源和逐渐发展到今天这样的状态的历史。但是这部历史对它们来说是被创造的出来的，如果说它们自己也参与了创造，那也是无意识的。"②就连地质学上的所谓"太古代"和"元古代"等等的提法也都是相对于"人"而言的，有了人才有

① 舍勒：《伦理学中的形式主义和质料的价值伦理学》（上），倪梁康译，生活·读书·新知三联书店 2004 年版，第 187 页。

② 《马克思恩格斯选集》第 4 卷，人民出版社 1995 年版，第 274 页。

古与今、好与坏、高级与低级之间的区分。

我们不能把自然从历史中放逐出去，而社会恰恰就是"历史进程的当前归宿"。在这个背景之下的自然和人的统一的整体视域才能超越后现代主义在处理社会问题上的不妥之处，与自然相统一的人就不可能像后现代主义者所认为的那样"被消解"，和人相统一的自然就可避免后现代主义者忽视文明背景而导致的非全面的视域。

后现代主义社会理论之弊在哪里？无论是利奥塔对"小叙事"或"地方性叙事"的看重，还是福柯对"疯癫"的特殊解读，无论是鲍德里亚对当今社会的批判，还是德勒兹对"欲望机器"的描述，亦或是德里达的"书写理论"，等等都在追求意义世界的同时，把人对自然的关系有意无意地从历史或社会中排除出去，这导致对历史的某种抽象，也导致了对自然的某种抽象。然而，这种抽象被马克思所否定："所谓人的肉体生活和精神生活同自然界相联系，不外是说自然界同自身相联系，因为人是自然界的一部分。"[①]由于上面所述的情形，最终导致在社会研究问题上的类似于"文胜质"的倾向。这虽然避免了"质胜文"所导致的"疏略粗鄙"，但却陷入了"虚浮"的嫌疑，难以用诚。偏胜于自然的文明不是整全视野中的文明，必使它们相杂而适均，两相得之，方有适切之文和适切之质，方有文明和自然的"相得益彰"，若有一方偏胜（包括文明对于自然的偏胜），则恐怕缘于开初之时它们两相分截而导致相抵触相敌对和相攻伐，终于形成相离相隔的狭隘之境。

那么，超越后现代主义"文胜质"之倾向的境地是什么样的

---

① 马克思：《1844 年经济学哲学手稿》，人民出版社 2000 年版，第 56—57 页。

"自然与人之统一的整全视域"呢？就是自然为文明的（时间维度上的）始点之根和发源之根，而同时，文明为自然的逻辑之根和理解之根，二者在根本上的统一即意味着社会。非此则难以对后现代主义社会理论中的批评予以疏导，非此则难以超越后现代主义社会理论的视域。

　　就"自然为文明的始点之根和发源之根"而言，很易领会，天地间有人类，人曾为"非开化之人"甚至于"蛮人"，其心为天然之心，在悠长的演化历程中，遂有"文化人"的出现，其心变为超越自然意识的人文之心。在此过程中，人类的历史或文明史来源于蛰伏着的背景式的自然或自然史："历史本身是自然史的即自然界生成为人这一过程的一个现实部分。"[①]作为自然的造化乃是始源，这一点恐怕没有疑义。

　　就"文明为自然的逻辑之根和理解之根"而言，人必然要遵循一定的原则而放弃其自然欲求的直接性而赢获"自立性"（就像无钱的人不可因饥饿而去偷食，更不可因饥饿而为自己的偷食辩护），并且，人总是在文明的视域或眼界中（某种原则或律法或约定或风俗等等）看待自然。文明的教化有塑造、培育和"人文化成"等含义，它并不意味着把问题的答案或理论体系放入一个容器般的心灵中去，正如海德格尔所说的那样："名副其实的造型（这里的造型实质上被包含于文明的教化之中——引注）则抓住并且改变着心灵本身和心灵整体，因为它首先把人置于其本质位置上，并且使人适应于这个本质位置。"[②]心灵在文明的教化中得到了塑造，这意指"人"的天然之心开窍为人文之心！"文明的教化"在自身之中已经蕴含了人的生存和人的适宜的位子！

---

① 马克思：《1844年经济学哲学手稿》，人民出版社2000年版，第90页。
② 海德格尔：《路标》，孙周光译，商务印书馆2007年版，第250页。

这也契合于古汉语中的"文化"或"教化"之"化"的写法和暗示："化"由一个倒立的人和一个正立的人组合而成,它意味着把"倒立的人"变为"正立的人"——有自然心的"人"开窍为有"人文心"的人,即社会的人。从中不难看出,人确乎生活于"自然"之中,但人只有通过社会才能真正生活在自然中。这也正如海德格尔所认为的那样:"马克思要求我们去认识和肯定'合人性的人'。他在'社会'中发现了合人性的人。对马克思来说,'社会的'人就是'自然的'人。在'社会'中,人的'自然本性',亦即人的全部'自然需要'(食、衣、繁殖、经济生活),都均匀地得到了保障。"[①]这也暗示了社会这个维度或平台让人的自然性超乎虫鱼鸟兽等的自然性之上而彰显社会对于人的重要性。

这样的视域意味着,一方面,人确乎生活于"自然"之中,但人只有通过文明才能真正生活在自然中,因为本能不是人的生存样式,文明才是人的生存方式。"人"毕竟要使得"自己"不是"野蛮人",于是"他"有社会化的倾向,但与此同时,"他""发现"自己有着非群体化非社会化的特性,即把自己的这个"个人的活动中心"误作为支配一切或支配所有东西的中心,欲以自己安排一切("不能很好地容忍"他者),此即"对抗性"。此种对抗性涉及到"关于……的手段",它(它并不无节制地让"团体"解体)使得人的禀赋发展出来(人不是动物,不局限于本能,人不是机械的)。人不由本能引导,那么,人要干什么? 他要由自己本身来创造"一切",此乃其天然禀赋的正常舒展。人要由他自己来创造本能之外的"一切",这恰恰就是"文化"(熟巧、艺术和科学等)的特征。"社会性的创造"、文明的创造是脱离野蛮的第一步,换

---

① 海德格尔:《路标》,孙周兴译,商务印书馆 2007 年版,第 374 页。

一个角度可以说是"人之为人的确立"。另一方面，人确乎生活于"文明"之中，但人只有通过自然才能真正生活在文明之中。我们都知道，对于自然的肆意破坏会危及人类的生存。甚至有些研究者认为"自然"中的植物世界或"石头的世界"就在某种意义上奠定了人的生活的底色："人们可以利用个体的石头，但是不能利用在其整体和崇高性中的石头的世界；人们可以利用个体的植物，但是不能利用那个一般植物生命的世界……植物的世界就像石头的世界一样，成为人之生活的基础和前提，它甚至构造了人之生活的最内在的轮廓和最初的开端。"[①]人类的机巧对于大自然来说是渺小的。生生不息的、有无穷多样性的自然已经蕴涵了发生学上的最初原因。正如古代学者所说的那样："所谓自然，就是一种由于自身而不是由于偶性地存在于事物之中的运动和静止的最初本原和原因。"[②]"自然"从自身而来是如此这般的"根性"，它是先已内在地决定好了的源头，是存在者并生的原初性的"聚集"，是生之源和长之性。可见，人只有通过自然才能真正生活在文明之中，即生活于社会之中。以上两方面的内容不可分离，分则两害。

以此疏导利奥塔对整体性的批评，不妨说，利奥塔对整体性的批评只适用于抽象的整体，但不适用于自然和文明相得益彰的整体，因为在此整体之中，自然和文明各得其所。利奥塔所说的地方性叙事或小叙事若是离开了背景就成了自说自道的"叙事"，难免进入辽阔诞谩之境而难以有真切圆通的"叙事之间的"

---

① 罗姆巴赫：《作为生活结构的世界——结构存在论的问题与解答》，王俊译，上海书店出版社2009年版，第280页。

② 亚里士多德：《物理学》，徐开来译，中国人民大学出版社2003年版，第27—28页。

沟通或者"叙事际"的沟通。

二、关于"泛权力的倾向"之问题

福柯认为权力的压制无处不在，认为兵营、工厂、学校等等都是监狱或准监狱，那么，照此思路，如果有人因为"学习"无处不在而认为兵营、工厂和监狱等都是学习机构，那该如何呢？殊不知，这个问题对于福柯而言几乎可以说得上是"正中下怀"，因为，学习主要意味着学习知识，而福柯认为所有的知识实际上都是一种权力。结果是，"学习无处不在"与"权力无处不在"的说法可以共存。然而，假如一个人所知道的事情乃是"他的无知"（苏格拉底），或者"知识"如果让事情自己开显出来（就像现象学的口号所宣示的那样），那就能够摆脱福柯思想中的"泛权力倾向"。

有些人就像古希腊的智者（智术师）一样，自诩有智慧，他们传授"知识"，与此不同的是另外一些像苏格拉底那样的人，他们对自己有着较为清醒的认识，知道自己的能力，他们有"自知之明"，并且还能打消掉别人自以为有知但实际无知的傲慢，诱导对方发现那些并非外在强加的和内在于心灵的"知识"或者"见识"。与这后一种人有关的"知识"能说是权力或强制吗？

此外，现象学有所谓的"朝向事情本身"的口号，它所瞄准的知识意味着就事情在其自身出现的限度内如其自身所显现的那样来呈现，这不是主观主义的，也不是客观主义的（梅洛—庞蒂），因为它发生于主观主义和客观主义的区分之前。只要人本着"朝向事情本身"的精神，所得到的"知识"因其非主观性而不是征服性的和强制性的东西，也就没有意志的强制，也就可以和权力或强制力量脱钩。

三、"符号幻相"的问题

鲍德里亚认为在仿真(仿象的第三个等级)的维度上,只有此符号和彼符号之间的关系而无符号跟"现实"之间的关联,以至于符号秩序本身产生了没有指涉物的所谓"超现实"。实体和实物被甩在一边,弃若敝屣。

(具体的)符号和现实不是一一对应的,这个语言学的观点并没有错,但如果由此而只讲"符号际"关系而完全不顾现实,则是值得商榷的。虽说符号和现实不是一一对应的,但是符号之整体呢? 符号整体与现实却有着某种对应关系! 如果说符号在整体上亦撇开了"现实",那无疑是凌空蹈虚的说法。

几何学的基础是非几何学的内容,科学的基础是前科学的生活世界,符号的基础也是非符号的内容,仅仅讨论罔顾现实的所谓的符号本身必定是无源之水和无本之木。把符号暂时可不与现实相接触的情形予以夸大,这是没有多少分量的,因为符号在整体上和最终的意义上会以某种方式与"现实"接触。

在符号整体的层面上仍不讨论"现实"而构建"符号际"的"知识",那即是"幻相",这犹如"独断论",即仅凭抽象概念的罗列和它们之间的形式建构的联系而去把握整个世界,这是专制式的教条。同样,讨论不与现实相接触的符号,这就刻意地割断了可能的经验运用,在封闭的符号领域之内沉浸于"符号追逐"的游戏。比如,张三随身携带的包是价值一万元的某某牌子的包(同时,其他的装备基本与此协调),李四的包是价值一万贰仟元的某某名牌包(与此同时,配套的装备大体协调),而王五的包是价值一百元的某个牌子的包(同时,其他的装备基本与此协调),这时,从鲍德里亚的符号价值的观念来看,张三和李四所消费的符号价值是相当的,而跟王五差异极大。前二者与王五属于不同的"阶层"。他们都在消费符号或符号价值,且因为所消费的符号或符号价值的不同(名牌还是非名牌)而有不同的地位感,并且归属于不同的群体。按照鲍德里亚式的观点,人们消费的是符号或符号价值而非实物。那么,对于必需品,比如衣服(无论价格相差几百倍)和食物(无论价格相差几万倍)的消费也能说是在消费符号或符号价值吗?其实,对于非必需品也可这样问:在消费非必需品的时候就没有实物的因素吗?如果说鲍德里亚在某种意义上看到了符号或符号价值是实物被理解的一个条件(所谓的上流社会人士的消费的的确确异于下层人的消费,于是,可以直接从符号或符号价值的层面上来看一件物品以及物品的主人,比如,该物品是不是奢侈品以及是不是代表了某种地位等等),那么,他有意无意地对此多有夸大,并且有意无意地忽视了"实物之整体"是符号或符号价值的(时间维度上的)发源之根。完全忽视"实物",这在本质上是忽视自然,就难逃"文偏胜于质"的指责,也难逃由此而导致虚浮的嫌疑。

不难看出,所谓的对于符号或符号价值的消费(或对"无形价值"的消费)是小范围的现象,推扩之时一定要慎之又慎。

四、不可回避的"欲望"的问题

古典思想家(如柏拉图和亚里士多德等)都对"欲望"有相当的警惕,认为欲望必须受到理性的管束和引领,而德勒兹则将其视为正面的生产性的力量。他把欲望作为生产机器,认为人的身体只是接受欲望的"工作场所"或"载体"。食欲、求知欲、权力欲和荣誉欲等乃是身体受到欲望作用的结果。德勒兹倾向于认为,除了欲望和生产之外,什么都没有。欲望的运作就几乎构成了对于人性的消解。

由于我们在生活中有一个常见的判断：过度的权力欲望或金钱方面的欲望极易毁掉一个人的前途乃至性命，由于欲望召唤出来的可能是恶魔般的东西，那么，德勒兹的说法给人带来的隐忧就是：在缺乏道义或"至当者"之示范的情况下，欲望在生产中如何不会迷失于（私意恶欲等）难以收拾的境遇？德勒兹提出的"连续的生成"和"平滑式的运动"等不可谓不高明。但忧虑仍然难以被驱散：理性的规划尚不可靠，更何况欲望的规划？

在此情况之下，不妨借用一句话："我欲仁，斯仁至矣。"（《论语·述而》）我们在这里尽量不谈"仁"的"民族文化之语境"，而论及其特征和功能。我们不能说"我欲财富而财富至"或者"我欲高山而高山至"，如此不一而足，但可以说"我欲仁，斯仁至矣"。可说"我欲仁，斯仁至矣"的原因是极为深刻的：第一，这里的被欲者乃是至当者或"极致者"；第二，被欲者不是"外来者"，它是本来就有的（虽然在很多情况下人"自己看不到它"），对它的"欲"不是外在的。不说上面这两点的话，"欲"极可能陷入随意作念、妄想或私意情欲而难以自拔且难以收拾。

确立了方向，确立了至当者或"极致者"（先立乎其大）作为被欲者这个"纲"之后，我们看看"欲"的问题。若我不"欲"此至当者或极致者呢？这并不意味着至当者消失了，好学的人欲之，有志者、善思者、自主者欲之。远古时代有人欲之，千载之后也有人欲之，我"不欲"此"至当者"是我的弊病，这不足以损害至当者，而是我自绝于至当者。所以，"欲"若非狭隘的私欲和褊狭的私意，则"欲"有"立志向往"、"深思"、"喜好"、"自主地意求"的涵义。这样的"欲"的涵义全在乎"至当者"不是空的概念，不是狭隘经验的被动反映,而是有致动性和能动性的,它要实现自己,要开显出来,要"外化",它是实践性的。

问题在于,当精神正确地、前瞻性地以蓝图规划的方式直觉到"至当者"时,至当者就是被追求的目的、被趋向的希望和现实行动所极力朝向的理想!人的理性、激情和欲望等等都被引向目标的实现,于是,人们就改造现实以便使之走向富有感召力的理想(而非"空想"),此种对于现实的"改造"即是"建构"。为了更深入地澄清这个问题,我们有必要明白:一般的经验论中的"概念"来源于感觉,它以"现实"为对象,它是现实的"反映";而"至当者"却主要来源于能动性的希望、全局性的合理"目的"和富有力量的理想。所以,如果平俗的概念是模仿现实的,那么,至当者则反过来被"(不太让人如意的)现实"所模仿!这里的建构性比较显著地由技艺所包含的"目的"凸显出来了(比如,不符合高技术含量之图纸的建筑会很快土崩瓦解)。普通情况之下的目的或单纯的目的往往是主观的,因为它常常是根据自身的个别"需求"提出的,甚至和一时的心血来潮有关。然而,需求也可以是客观形势引起的,此种情况之下,若是需求脱离了简单的刺激,那它就成了希望和理想。"至当者"或"极致者"就是这样的。

这样,对于有"立志向往"、"深思"、"喜好"、"自主地意求"之涵义的"欲"来说,至当者给了一个有吸引力的柔性的"定向"或一个非硬性的示范性的感召,"欲"就不会在运作中迷失。

五、和解构有关的文本内部的相关问题

德里达擅长解构,他抓住文本的内在矛盾,否定文本中原有的等级秩序或"形而上学"的假设,对原来的等级和假设予以颠

覆,与此同时,还对原有的文本进行"改写",利用原来的文本中的矛盾写出新的文段。这无可厚非,但是,德里达有从书写的角度理解社会的倾向。一切的一切都可还原为文本或"书写"以便得到真正的理解。这在一位研究者的话中表露出来了:"……德里达还认为社会制度只不过是书写而已,它们没有能力限制人们。德里达解构了语言和社会制度,在他结束之时,剩下的只有书写。"[①]其实,依照德里达的运思方式,在一个比制度"更广"的背景之下,社会本身也被文本化或"书写化"了,它也必须通过文本或书写才能真正被理解。

这里隐含的"社会通过书写被真正理解"的观念在我们看来很奇怪,我们平常相信的是反过来的一个观念,即"书写通过社会被真正理解"。那么如何来看这里的对峙呢? 先看德里达主张的理由,该理由无非是:社会层面上的经济、政治、文化等一切要素都携带着"书写",并以"书写"为交流的底层和平台,而且其中的"意义"都与"书写"同行。但我们也可以"以其人之道还治其人之身",即以类似的逻辑来说,相反于德里达的观念("书写通过社会被真正理解")也有理由:书写层面上的一切要素(字符、意义和能指等)都以社会为起点和归宿。这样的一正一反的说法实际上表明"书写"与社会在底层是相互渗透和交互缠结的。"社会通过书写被真正理解"的德里达的观念是从还原到意义的方向上来说的,而"书写通过社会被真正理解"的说法则是从"(作为人与自然之纽带的)社会乃是书写的(时间维度上的)始点之根和发源之根"这个意义上来说的。

但是,不管怎样,"社会通过书写被真正理解"的观念有个一

---

① 乔治·瑞泽尔:《后现代社会理论》,谢立中译,华夏出版社 2003 年版,第172 页。

刀切的倾向,即从"书写"这个单独的"划一"的层面来诠解一切,这几乎是用一个单调的定向标进行"规整的安排",有点类似于不分主次的"齐头并进"。无论如何,社会是复杂的,而如果只是围绕着一种解析手段或单一的技巧来看问题,就不可能真正把握诸如社会这样的复杂"现象"。

所以,就算把社会"书写化"了,也还是要对各种不同的"书写"进行区分,也要对同为"书写"的技艺、生产、器物、生老病死之现象以及天下地上的生活等进行周到稳妥的细分,权衡于轻重缓急之间。

六、对抽象系统的破解

在讨论现代性动力之一的"抽离化机制"的时候,吉登斯指出它有如下两种类型:符号标志和专家系统,他还把这二者统称为抽象系统(abstract system)。由此可以看出,吉登斯认为,抽离化机制的命脉就是抽象,符号系统和专家系统都以"超越具体物之'限制'而获得普遍性"为标志。这些都没有问题,关键在于,吉登斯进一步认为要达到普遍性就只有借助于抽象,恰恰是这一点值得商榷,并由此可能形成牵一发而动全身的效应。

获得普遍性是否只能借助于抽象?传统哲学就是这样认为的,就连当代著名哲学家罗素也这样认为。以对于"白"的认知为例,罗素指出:"……显然我们都认识像白、红、黑、甜、酸、大声、硬等等共相,也就是说,认识感觉材料中所证实的那些性质。当我们看见一块白东西的时候,最初我们所认识的是这块特殊的东西;但是看见许多块白东西以后,我们便毫不费力地学会了把它们共同具有的那个'白'抽象出来;在学着这样做的时候,我们就体会到怎样去认识'白'了。类似的步骤也可以使我们认识这类的其他共相。"①罗素这里讲的对于"白"的共相或普遍性的认识可以分成三步：第一步，我们看到任意的一个具体的、实在的"白"的东西；第二步，我们看到很多很多的其他的"白"的东西；第三步，我们不费吹灰之力就抽象出"白"的共相或普遍性。然而，疑问在于：第一步之中，我们究竟凭借什么把"它"视为"'白'的东西"？难道不是因为"白"的共相或普遍性已经（以某种方式和具体物一起）被给予了，而后我们才可能"看到"如此这般的一个具体的"白"的东西？换句话说，第一步之中的具体物之所以是"白"的东西，乃是因为"白"之共相或普遍性已经随着"直观之能"而被给予了！否则，那个具体的白色的东西之"白"乃是无源之水、无本之木！

虽然一般人乃至一些学者认为普遍性或"普遍的东西"只能用"抽象"这种间接的方式去获得，虽然他们认为普遍性不可能以直接的直观方式去获得。但在现象学看来，吉登斯所接受或秉持的"获得普遍性只能借助于抽象"的说法乃是一个似是而非的教条。

依据现象学的意向性理论可以清楚地知晓：在意向行为（Noesis）构成意向对象（Noema）的过程之中，体验活动以自己的方式产生对象，其中的"显现"根本上是动态的（不是在现成的框架之中的），它在非预成的、构成着的动态关系中与被指对象有直接的内在联系，此联系同时不仅仅局限于当场的偶然性和个别性，所以，其中的"显现"可以具有普遍性。那么，这里当下所显现的、当下所构成的东西就可以是普遍性的东西。是故，普

① 伯特兰·罗素：《哲学问题》，何兆武译，商务印书馆2004年版，第84页。

遍性可以以直接直观的方式来获得。作为现象学的基本发现之一的"本质直观"就告诉人们：普遍性可以用直接直观的方式来获得。换句话说，普遍直观①跟感性直观一样也是意向性的运作，而它的对象或相关项是普遍性或"先天"（直接直观中自身被给予的观念性的存在或观念性的对象，它分为三类：对象性的或事实性的先天、行为的先天、行为与事实之间的相关性的先天）。可见，普遍直观意味着普遍的东西在直接直观中成了自身被给予性或者达到了明见性。于是，吉登斯的"普遍性或一般性只能通过抽象来获取"的预设就不能成立了。

由于吉登斯说抽象系统或脱域机制依赖于"信任"，而信任又具有风险（比如"次贷"和特殊情况下的网购等具有风险），现在，现象学的普遍直观则绕过抽象系统或脱域机制而把握到了普遍性，那么，"夹带"着普遍直观的社会交往能否把现代交往中的风险降低到远低于吉登斯所认为的那个水平之下呢？

对于这个问题，我们需要接着普遍直观的话题而讨论"普遍直观的功能化"（在舍勒那里表达为本质直观的功能化，下同），也就是根据普遍联系而确定地去统握、拆分、直观和判断"我们周遭的"事实世界，将把握到的质料转变为功能、法则和图式，这实际上是理性自身的生成和增殖！理性自身获得的东西在不断地生长。人和人之间可以在人类理性的生长过程中直观性地把握普遍之物而不诉诸（吉登斯所说的）近乎孤零零的"信任"。

吉登斯认为，在抽象系统或脱域机制之下，我们只能信任符号标志（比如金融信用系统等）或专家系统，但这里的信任在当

---

① 当然，这里要说的"普遍直观"（更通常的表达是本质直观）主要是舍勒现象学中的普遍直观（虽然"普遍直观"的理论的最早提出者是现象学的创始人胡塞尔）。

代社交高频化、远距化和信息化的背景下是一种纯粹的关系,而纯粹的关系随时可能中断——比如在那为一般信用托底的国家信用遭遇质疑的时候更是如此。而在舍勒的普遍直观功能化的背景下,不仅个体人格的理性和精神在不断地生长,而且整个人类的理性也在不断地生长和增殖。与此同时,既然很多人处于不同的交往圈之中,很多人以不同的面目跟另外某些人相似,人们的活动圈和交际圈处在部分重叠部分交叉的网络系统之中,既然这个硕大无朋的网络几乎交织于每个人的身边,那么,人类理性精神的总体增殖就借助于所有这些不同的共同体的理性精神的活动(亦即依据普遍关联而确定地去统握、拆分、直观和判断"我们周遭的"事实世界)而达到协调。那么,抽象系统或脱域机制就不是全局性的现象,纯粹关系(它作为一种随时可能中断的关系)也不是现代社会的全局性的现象,吉登斯的与之相关的对策也就不具有一般性的意义,并可以被舍勒式的"普遍直观的功能化"的方案所代替。

　　不过,问题当然不是这么简单,为了更深入地考察这个问题,我们还需要结合舍勒现象学的"凝聚主义"(或者是"凝聚原则")和共同体理论做出阐释。

　　有限的人格[①]凝聚成一个"人格共同体",而在这个共同体之中,任何一个成员作为个体人格都是不能被替代的,它是独一无二的,这里有很多类型的"责任担当":每个成员是自身负责的,共同体的总体人格也是自身负责的,每个成员对于共同体是负责任的,每个成员对于(共同体之中的)其他个体的成员是负责的,共同体的总体人格也对它的每个成员负责。换句话说,这

----

① 舍勒所说的人格意味着理性和情感的统一。人格是行为的施行者或行为的"具体主体"。

里存在的绝不是单方面的负责！如此一来,所有实践中的不可或缺的重要的行为举止(敬重、允诺、建议、合作和爱等等)根本上要求"对应性"以及价值的回应性。敬重、允诺、建议、合作和爱等等至少在效果上比"信任"的效果具有更大的涵盖性,这样就覆盖了吉登斯孜孜以求的(因人际关系随时可能中断而亟需)的"信任"和他所渴望的"社会团结"。

第三节　共在和共在辩证法

现代主义和 18 世纪以来的产业化分不开,它以科学、理性、自由、民主、博爱以及终极关怀为特征,而后现代主义则一反现代主义的诸多常规,提出几乎相反的观点或见解。现代主义被认为是"失败的",原因可能是理论本身不够完善,也可能是人在操作中有失误,或是二者兼而有之。如果是现代主义的理论不够完善,那么请问:对于变化难测的社会而言,如何可能有预先设计好的理论或蓝图(人往往在一种自身并不完全知晓的力量的推动之下走出如此这般的一条路,而且人对迄今为止所达到的如此这般的境地这件事甚至持有一种由神秘者所激发起来的惊愕)？另外,蓝图该不会意味着又增加一个新的乌托邦式的设想吧？如果是人的操作有误,那就似乎没必要否定现代主义的理论,只需从操作层面上改进即可,但后现代主义者看来是没有这个耐心的！他们纷纷抛出多多少少异于现代主义的观点。这里有一点值得注意,现代主义的一些原则被后现代主义否定了,但绝非所有的现代主义原则全被后现代主义所否定,而那被现代主义以及后现代主义所共享的原则可能对"当代社会"构成隐忧,比如个体性原则的问题。这个问题牵连到"共在"的问题。

一、超越个体化原则的"共在"

在西方，人们认为个人结合为社会，社会再结合成国家。其中，以个人处于社会之中，故喜论自由、平等和独立，可初看做是为"个人"而言之，但如此一来，少年如在乐场，中年如在斗场，老年如在墓场，幼年、成年和老年之间遂几乎处于隔离的状态。此赖一种类似于线性时间观而把人看做"个体"所致。

后现代社会理论有没有从根本上真正超越个体性的原则呢？利奥塔反对一切总体性的东西而关注局部性和个体性；福柯的"照顾自己"的"自我伦理学"所涉及的仍然是"关注自身"的生存（这里要确立的不是"个体"与"社会"的关系，而是个体与自身之间的关系）以及"自我的技术"；鲍德里亚所讲的消费者和生产者则几乎把个体连同群体全都"消解"了；德勒兹大谈生产机器、配置、解域运动和无器官的身体等等，"人性"消解于欲望的运作之中；德里达尽管提到了尊重他者，但他同时让"不可决定性"和解构以及进一步的"解构活动"居于前台；前文未提到的后现代主义者鲍曼的个体伦理理论也具有极强的伦理个人主义色彩（尽管它是利他主义性质的）。现在可以看出，他们要么接受个体性原则（如福柯等），要么干脆就以特殊的方式"消灭"这个问题（如德勒兹的不可谓不高明的做法，等等），但在我们的关于社会问题的语境中，消灭这个问题并非就是解决了这个问题。综合两方面的情况可以看出，后现代社会理论没有从根本上真正超越现代主义的个体性的原则。

如何面对这一问题呢？在一个广阔的视域中来看，有处于一家之中的人，有处于一方水土的乡里之人，有处于一国中的人，有处于"天下"中的人（从有责于天下兴亡的匹夫到所谓的圣贤都如此），在这样的语境之中很难讲所谓的个体之人。如此一来，我们在西方社会理论中已经有个体性原则的前提下，不去硬性地消灭这个问题，而是疏导这个问题。人乃造化的"会合"，身体发肤，即是造化的会合，躯体或可称之为自然体，但家、乡、国、世界，则涉及人与人的会合，这儿是直指"文化人"的。

"文化人"的共在殊为明显，共在即是选择中的非预成的情况，是处于创新中的互动的动态关系。共在中的所谓"自我"、"物"和"他人"的关系是一种先于"实体存在"的存在论上的关系，自我、物和他人首先主要不是现成的实体，而是"生活世界"中的不可缺少而又处于变易之中的因素。此种关系早已在"那里"或"这里"作为人们活动的背景而存在。实体的意义反倒要从此关系中才能得到说明，比如假设没有教育活动，就很难想象学员和教师以及教本的存在的意义。

选择一种关系即是选择一种共在方式，在选择了共在方式的情形下，人与物或生存才有了在世的意义。共在是第一位的，有了这个，个体才切切实实地有了意义。个体性原则因绕过了共在而是"缺而不全"的。人处在与天、地、长、亲、师、友、同胞的（共在的）关联之中，而非先是作为个体出现，然后再与他者发生关系，因为这里的"先……然后……"的关系（如上所述）已经迟于或晚于"共在"了。以"共在"为个体性原则奠基而非硬性消灭这个问题，这就是对个体性原则进行疏导的应有之义了。个体性原则或许对物理世界有效，但对社会肯定不合适，社会中的所有问题都发生于共在关系的层面上。

顺便说一下，有了自然和文明在社会的层面上互为其根的观点（自然为文明的时间维度上的始点之根，文明为自然的理解之根）以及关于"共在"的说法，我们的考察就有了支点。

二、共在辩证法

社会是以人为中心或承担者的、以文化为内在纽带的、以有目的的生产为基础的、具有必要的自身调理机制和特定地理空间的有组织的系统或共同体。我们不仅要注意社会的横截面上的各种情况，同时更要注意其历史传统方面，社会之变和历史之变不可分开，这样的考察需要方法或策略。

我们的方法论或叙述策略是什么呢？就是"社会辩证法"或共在辩证法。但我们不是一般地讨论"共在辩证法"，否则极有可能漫无边际，我们紧紧围绕着"后现代主义社会理论"所缺乏的关键思想（"人与自然的统一"）而展开。这里的工作主要就是对西方历史上出现的主要的"辩证法"形态进行梳理，"抽取"合理的成分或相关的因素来解析我们的主题。

苏格拉底的辩证法所应对的是人间事而非天上的事情，讨论城邦中的事物的本性，讨论什么样的生活值得过，讨论"德性是什么？"、"勇敢是什么？"以及"正义是什么？"等问题，苏格拉底认为社会事务的真理存于人的心灵之中，通过"反讽、'归纳'、诱导和'定义'"等步骤不止于将"无自知之明的态度"祛除，而且将不全面的、错误的、狭隘的观点排除，清除遮蔽，但绝非生出"社会事务的真理"，"社会事务之真理"会因遮蔽的破除而以某种方式自行显露。就这里的辩证法而言，对话的各方未必指出一个作为最终答案的确切定义，但苏氏又说社会事务的真理在人心之中，这就无疑把人们带到了"临界状态"，即无所依托、"左右都不是的"、没了标准的边缘状态，不能靠别人，余下的要靠研究者或当事者本人自己来决断！见识、智慧、方法和能力的习得在其最重要的一个步骤上都靠当事人亲身的体证和领受。人被带到了无所依托的临界状态之后，他也就被置身于无限丰富的社会之中，被置于历史长河之中，只有自己去觉悟、自己去超越了！自己以行动参与到社会中，以其独一无二的身份参与社会。

柏拉图的辩证法可称为"上升的辩证法"，它不将设定作为开端，而把它作为"阶梯"，寻求它赖以确立的根据，如果此设定有问题，就去建立高于这个设定的另一个设定，依此类推，总可以在逻各斯中找到一个更高设定，一直上升到自足的设定即全体的"第一原则"。在达到第一原则后，又回过头来把握以这个原则为依据的、从这个原则中引申出来的东西，从而进展到结论。这里的第一原则就是善的"理式"。人间的可变事物皆以同名的理式为根据，而这些理式最后以"善的理式"为根据。如此一来，懂得善的理式的哲人是最好的统治者，而正义的理式则在善的理式的光照之下给世间的事务以根据，城邦的诸部分各司其职而为健康的好城邦，一如灵魂中各部分自安本分而导致性格协调的人一样。

就康德的"辩证法"（辩证论）而言，如果理性仅仅把"理念"或理性概念作为知性知识的"综合统一"的指导原则，那是很有必要的，也是非常有益的。然而，人的理性具有把这些理念当做知识对象的自然禀性，这就不免产生"幻相"（亦即伪知识），即把主观的理念当作有客观内容的东西，认为有现实的对象和它们相一致或相符合。当人们在思考这些理念时，总要对它们有所判断，而除了范畴外，人们又没有其他的判断的工具，于是，人们很自然地将范畴运用于理念，作出它们是否存在、有何属性、有何因果关系等等的判断，这样不可避免地产生了"幻相"。幻相除了谬误推理、纯粹理性的理想之外，还有二律背反，而其中的第三个则是关于"自由和必然"的二律背反。这里的"自由和必然"的二律背反暗示这样的内容：人的意志在不需要感性质料的情况之下就能创始出一片道德的天地，实现某种意义上的"从无到有"的转变。若要更进一步地看，就明白社会中人的责任：人须主动地创造自己的"身份"和"位"。

黑格尔的辩证法和辩证逻辑是同一个系列的术语，且是与历史相一致的。发生在时间中创造自身之命运的历程叫做历史，而根据辩证逻辑或理性的先天法则就能看出历史事件的内伏的意义，故历史事件乃是演示辩证逻辑的材料。按照黑格尔哲学的精神，辩证法与社会发展史其实也是一致的，因为辩证法作为理念的运动，它标示着事物的运动，而辩证法所体现的联系则标示着事物运动中的联系。

在马克思那里，辩证法有被后人教条化的危险，即认为辩证法就是两大观点（联系和发展的观点）、三大规律（对立统一、质量互变和否定之否定规律）和五对范畴（偶然性和必然性、原因与结果、内容和形式、可能性和现实性、本质和现象等等）之关系的总和。这是知性式的、公式化的、程序式的、非辩证的理解，因为它仍然是"形式化的逻辑"，并且比"形式逻辑"（或普通逻辑）本身更加干枯和苍白。马克思的辩证法继承了黑格尔思想，它本质上不外于辩证逻辑，它是内容的逻辑。马克思的辩证法所研究的是在历史变化和运动发展中的对象，因而它是以巨大的"历史感"为基础的，此历史感是对历史的内在体验，是一种直接的本体把握。我们不能说实证材料是本体把握的钥匙，而要反过来说本体把握是实证材料的钥匙。马克思的辩证法主要意味着什么？历史实证材料在直接的本体把握中所显示出来的法则。本体把握中的法则恰恰就是实证材料的"灵魂"或生命，所以，辩证法是研究社会历史过程或动变对象的自由的法则。

哲学家梅洛—庞蒂总是力图在灵与肉、心与物、主观与客

观、自在与自为、内在与超越、思想与语言、现象与本质、自我和
他人等对立之间寻找一个融合彼此的综合的中项，这恰恰也体
现了"辩证法"一词的原初含义：超越双方的对立而达到一致或
综合。梅洛—庞蒂自己的辩证法思想与其整个哲学思想的综合
倾向是一致的。梅洛—庞蒂认为，辩证法"是一个经验场——每
一要素在这里都向其他要素敞开——的整体的、原初的融
合。"①这一句话表达了辩证法的四个要素：开放性（要素的相互
敞开）、整体性、原初性、综合性，而这四个要素都离不开社会历
史，即离不开灵与肉、心与物、主观与客观等等对立之中项——
所谓的"历史的肉体"或"身体—主体"。首先，开放性如果离开
社会历史就是抽象的、陌异而不可理解的东西；其次，辩证法的
整体性其实就是历史作为自然—社会世界的全体性的展开；再
次，辩证法的原初性其实就是"身体—主体"或社会历史的原初
性的表现或外显；最后，辩证法的综合性是其本质特征，这个综
合性就是"身体—主体"或社会历史的生生不息的状态！所以，
辩证法若没有"中间地带"（"历史"）就是不可能的。当然，真正
的辩证法不是毕其功于一役的综合："好的辩证法主张的不是绝
对的综合，而是对立面之间持久的交织活动。"②诸要素是在历
史中不断生成的。在这个问题上，梅洛—庞蒂批评了萨特。他
认为萨特的辩证法讲了主体的多极性，但是缺失了主体际性，缺
少了主体的"共同居所"，缺失了主体相互交换和结合的场所。
萨特那儿只有离开了主体际性的外在的主体多极性，在那里没
有真正的人与人的"共在"，所以也就没有真正的"辩证法"了。

---

① 梅洛—庞蒂：《辩证法的历险》，杨大春等译，上海译文出版社 2009 年版，第
　238 页。
② 同上书，第 160 页。

辩证法是诸要素交互开放的经验场的原初综合，它运行于主体相互交往的场所之中，运行于主体际性的领域之中。辩证法既然是经验场的综合，它就离不开人与人的"共在"。同时，辩证法的各种"历险"包含了不可预料的失误，它也必须借助于这些历险来跨越错误本身，既然有"可错性"和对错误的超越，那么辩证法就不是真理完全在握的固定的必然性，它是自由的法则。历险中的选择总是一次又一次地把过去和未来、主动性和被动性、继承与创新等联系起来予以整合。看来，辩证法意味着双方或多方的自由的综合，它是自由的法则。

　　萨特认为，辩证法的出发点就是作为"整体化运动"（整体形成为整体的过程）的个人实践，从个人到社会的整体化运动是辩证法的根本含义，而自然界不可能构成一个现实的整体，所以，根本不可能有"自然辩证法"，而只有历史辩证法或人学辩证法。辩证法不可能是自然规律，而仅仅是人的实践所造成的社会历史领域的规律。值得注意的是，萨特的观点是值得商榷的。其实，关于自然界有没有辩证法的问题，涉及的可以说是主体与客体的问题或物质与意识的问题。物质与意识之关系问题的提出是通过思维的抽象或"所谓的先验构造"而造成的，也就是将主观与客观对立起来，使得物质成为"实体"，意识也成为"实体"，然后来看二者的关系。在问题的这一层次上，自然界的确没有所谓的辩证法，自然界中有运动和运动规律，然而没有思维去"理会"它。所谓"自然界本身没有辩证法"，当是这个意思。当问题上升到另一个层次，即思维将物质与意识的对立过渡到观察它们二者的"同一性"之时，就出现了哲学上主体与客体的关系结构的问题。在这里，客体是进入主体认识意义中的客观物，而主体是充满多种内容这个意义上的主观者，于是，客观世界之中的原本被思维抽象而导致的"了无意义的规律特性"便在主客体关系结构中成为主观世界的"客观内容",也就产生了关于自然界的辩证认识或辩证法。

现在,我们从历史上各种形态的"辩证法"中获取有益的因素来推进我们的反思。

就希腊哲学中的辩证法而言,辩证法在实行的过程中有时候没有把个别和一般分开,这是因为在实际生活之中,(包括一般和个别之二元分执在内的)一切二元区分之前的境遇乃是原发的"生活世界",这是事先给予的、有无限可能的非课题化的世界。这样的话,辩证法就明确地指向生活世界或社会。辩证法在其有阶段的发展过程中,遇上对立者或反对者时会把自身局部化,这是辩证法的过程性、综合性和整体性;辩证法表明正的立场和反的立场处在共同推进的变易之中,诸方面的因素被吸纳、被聚集起来,这是它的共在性、非独断性;结论出自辩证过程本身而非出自该过程之外(包括不出自"神"),这是辩证法体现出来的命运的自我成就性(亦为有意义的历史性);结局到来之前就声称看透真理的说法只是臆测,这是辩证法的非预成性和非现成性。就康德的辩证法而言,由主体发动的创始性的特点十分明显,黑格尔的辩证法和历史是一致的,马克思的辩证法意味着历史实证材料在直接的本体把握中所显示出来的法则,辩证法是研究社会历史过程或动变对象的自由的法则。梅洛—庞蒂的辩证法是诸要素交互开放的经验场的原初综合,它运行于社会主体相互交往的场所之中。萨特所言的辩证法与上面都不同,他的断言主要做了反面教材,反衬出不仅有人学辩证法,其实也有自然辩证法。梅洛—庞蒂的"辩证法的历险"涉及了模糊性、暧昧性和居间性,力图达到人与自然之统一,萨特的有关辩证法的思想（部分作为反面教本）反衬出了人与自然的统一，统一的纽带即是社会，即是人认知自身和自然时所做的事情。辩证法是研究社会历史过程或动变对象的自由的法则。这就在某种意义上超越了后现代主义社会理论忽视人与自然相统一的做法。上面的内容再加上辩证法所透露的主体发动的创始性、非预成性、非现成性、自我成就性、共在性、非独断性、过程性、综合性和整体性等等，就构成了研究社会问题的利器。

在这里，后现代主义社会理论难于解决的个体性原则的问题可以得到疏通，首先要明白"共在先于个体"，同时还有人与自然相统一的问题，与自然相统一的人主要不是个体的人。利奥塔的小叙事或地方性叙事要有一个可以表演和展示的（布景）舞台，反之，皮之不存毛将焉附？那个舞台是什么？就是涉及人与自然相统一的整体视域，福柯和鲍德里亚都有意无意地不讲人与自然的统一，德勒兹未给欲望留一个裁量的至当者，这恐怕不是他没有整体的视域，而是他有了那个视域而处理不太妥当，德里达也有意无意地不讲人与自然的统一。"共在辩证法"所敞开的人与自然相统一的整体论的视域可克服这些不足之处。

第四节　关于后现代主义的"话语分析"①的思考

后现代主义者的"话语分析"发人深省。除了提到的几位思想家之外，不少后现代主义思想家我们未予考虑，我们没有考虑丹尼

---

① "话语解析"或许更为恰当一些。

尔·贝尔(Daniel Bell)①、齐格蒙特·鲍曼(Zygmunt Bauman)②
和弗雷德里克·詹明信(Fredric Jameson)③。为了"弥补"这一
点,我们对后现代主义思想家的方法论或"叙述策略"中的"突出
方面"进行进一步的思考,亦即对后现代主义的"话语分析"进行
思考,这里面给出的启示无疑值得深思。

我们在利奥塔、福柯、鲍德里亚、德勒兹、德里达和吉登斯的
社会理论中看到了话语和文本在分析中的核心地位,"语言游

---

① 1919 年出生于美国的学者丹尼尔·贝尔本人虽然在思想倾向上来看不是一
位后现代主义者,但他对于当代社会的有关界定却(在实际上)直指后现代
主义语境中的"社会"。他对后现代主义持批评态度,并与之保持距离,而他
所说的"后工业社会"契合于很多人心目中的"后现代社会"。他集政治上的
自由主义立场、经济上的社会主义立场和文化上的保守主义立场于一身,他
用所谓的"中轴论"研究当今社会。中轴论在贝尔的心目中不同于因果论、
直观论以及决定论。贝尔明确把"现代"之后的社会界定为"后工业社会",
此种新型的社会中有很多矛盾和分裂。在对文化作了批判之后,贝尔自认
为宗教的回归和公共家庭的建立等乃是脱困之道。

② 1925 年出生的英国学者齐格蒙特·鲍曼倾向于哈贝马斯的如下说法:现代
性是未完成的规划,但他同时关注"后现代性",并对之作了独到而深入的阐
释。由于担心"后现代社会学"(就其应策而言,在某种意义上可把它叫做
"阐释社会学")无法彻底改变社会学与其研究对象之间的"模仿关系",鲍曼
诉诸一种经历了深层次转换的"后现代性社会学"。对尚未寿终正寝的现代
性进行批判乃是后现代思想的应有之义。因为现代性意味着寻求普遍性,
而这可能造成对于"宽容"的伤害,又因为现代性框架中的自由和平等存在
冲突,同时又因为后现代生活中不存在统一的规范,所以,宽容、多样性和自
由是后现代的"价值观"。全球化的后果是人类经验的分裂和分化,在这里,
亟需的东西乃是对于差异的认知和看重。

③ 弗雷德里克·詹明信(Fredric Jameson。又译詹姆森、詹姆逊、杰姆逊)1934
年出生于美国,他是一位马克思主义文化批评家,同时也是一位后现代主义
理论家。他较为深刻地指出,后现代主义具有表面性、非历史性、无主体性
和"非距离性",它是跨国资本主义的"文化逻辑"。饱和了的现代即是"后现
代",在后现代的背景下,文化和经济之间的"距离"被"消解"了。面对不祥
的形势,可能的应对之法是所谓的"认知图式"等。

戏"、话语分析、易位书写、精神分裂之分析（或语用学）、解构主义"方法"和双重解释学等等之中有一个或隐或显的形象，即后现代主义的话语分析。语言的根本性是不容忽视的，语言和其潜在的意义绝不后于它的经验，因为经验总是透过语言才获得其形式和可理解性的。语言意味着切分表达或分环勾连的差异系统和区分系统，它并不拥有对意义予以固定的封闭性。

需要强调的是，我们在这里并不是要指出所有我们称为"话语分析"或"话语解析"的东西的共同的本质，情况毋宁是：我们不是因为这些方法（或手法）有一个共同点而用同一个术语来称呼所有的这些方法，关键在于，这些方法通过很多不同的方式而具有（并不贯穿于所有项目的）亲缘关系，由于此种特殊的亲缘关系，我们将其称为"话语分析"。

利奥塔利用语言游戏规则把异质性和多样性引入到自己的思想中来，定义式语句、感叹式语句、命令式语句等等的类型是不同的，其规则也不同，就算同样的语句也会由于处在相异的语言游戏中而具有不一样的意义，词语和句子的意义是灵活的和非现成的，这就决定了后现代知识的异质性，多元化取代了一统天下的独一标准，而同一的意见和共同的规范也被放入博物馆。出路在于：发展出一种容纳不同意见的推理——误构或悖论推理——来追求不受共识捆绑的公正观念和公正的实践，存异不求同。归根到底，利奥塔通过语言的潜在陈述的储备，通过语言游戏的规则而把多元性和异质性"传递"给后现代知识和相应的行动，语言中历史地携带着的种种区分和特定的"把……看做……"的关系的再生产随着话语与物质实践之间的关联而呈现出来，对此种联系的挖掘和释放即是利奥塔的后现代的语言游戏。毫无疑问，这是有其积极意义的。

在福柯那里，关注特定的历史时刻（或时段）的知识考古学和关注历史过程的谱系学在某种意义上都是话语分析法，这里的"话语"取决于物质实践和镶嵌在物质实践中的"思想体系"，它比所谓的"主体性"要根本得多。要拷问的不是"行为是什么？"而是"行为的运作方式是什么？"，"词"代表着事先存在着的实在并将其再现出来吗？若是给出肯定的回答，那将带有太多的形而上学的预设和假定。词应被看做文本网络的交叉点，"网络"则由诸实践活动构成，后者形成人们谈及的"对象"，这样在句子连接的方式之变化中，新的"对象"呈现出来了。在此处，表达形式构成了特定的"对象"，这可能要付出（比如受管制的）代价，而且就被构成的特定"对象"而言，后来者相对于先前的东西而言未必就是进步或进化。"对象"不是精神中或现实中一直在场的东西，"对象"是在某个特殊时期并在某个契机的激发之下，依靠诸多技术和方法而成为知识和规训的客体以及权力控制的客体的。看来，规训的权力处在话语形式之中，话语在把世界结构化的同时，也为人提供了特殊的社会认同和存在方式，它在指出何谓正态何谓异态的同时已然非中立地发挥着权力工具的作用。这等于宣称除了管制性的知识跟权力紧密相连以外，其他类型的知识（比如建设性的知识、范导性的知识等等）也和权力紧密相连。社会语境下语言的运用具有主动性、过程性和结果导向性，而如果这里的结果的导向以规训（纪律、教导、训练、矫正、训诫、学科建设等等）为靶子，那么，权力网络的统治就是无处不在的，不仅公检法部门和大头目在监控我们，他、她、它们等他者也在"内部"监控我们。这一切给了我们难得的启示，对我们无疑具有重要的意义。

鲍德里亚的方法是引人注目的，易位书写能否被运用于社会分析的问题已经在引言中谈到了。鲍德里亚批评语言学而挖掘"语言学诞生之时"的相关资源,他声称语言学只抓住了"功能语言"[①],只及一点,以偏概全。易位书写粉碎了能指的线性法则,它意味着能指"自我重叠",返回自身。它跟馈赠-反馈增、授-受的结构相同,这里浮现出了一个相同的形式,即普遍的象征形式——象征交换。象征交换是以一定的东西为媒介的双方的授和受、获得和回报的可逆的社会关系,正是在这个平台上,鲍德里亚对当代的消费、生产、媒体、阶级关系、工会、战争、选举、调查等等做出了尖锐的批评。然后,鲍德里亚指出,可逆性(比如"物极必反"情形下的翻转)将终结"时间的线性、语言的线性、经济交换和积累的线性、权力的线性"。[②] 线性或线性的进展就其字面意思而言确实有"走上不归之路"的嫌疑,今用易位书写所蕴含的"可逆性"来应对,这是值得我们深思的。

德勒兹的语用学(或精神分裂之分析)比较特别。我们先将"形成或毁掉某个共同体、集体或个体的空间、物质、心理要素"界定为德勒兹所说的"线",再考虑到层和配置都是"线"的复合体,那么就可以看出,德勒兹所讲的"线"、层和配置已经具备了社会分析的条件。语用学并不试图去"再现"什么东西,而是研究"线"之上的各种情形,标示出"线"的融合及区分,这样就通过"线"的流变而把握现实,把握各种事件的运动。在德勒兹那里,语用学包含如下的部分:一是"发生性的组分",它揭示表达的形式结合在一块的机制;二是转化性的组分,它揭示抽象机制"从何处来"以及"到何处去"的问题;三是构图性的组分,它掌控

---

① 参见:鲍德里亚:《象征交换与死亡》,车槿山译,译林出版社 2012 年版,第279 页。
② 同上书,"前言",第 2 页。

符号的机制或表达的形式；最后是机器性的组分，它揭示抽象机器在具体配置之中实现出来的方式。这些部分合起来就意味着通过"语言"而把运动和运动中的选择与跃迁呈示出来，各种事情的变异就被摆出来了的。此种方法有巨大的价值，它值得我们深思。

德里达的解构主义方法有其显著的特色，那就是展示语音和文字、在场和不在场、理性和非理性、精神和物质、心灵和身体、主体和客体、中心和边缘等等的"两种特权的同时消解"。德里达标出了历史上各种文本（包括经典文本）的界限，与此同时又对该界限予以破除，解构的主要途径乃是"书写"，"写出"消解对立的意义流程，当然，写出来的包括专著在内的"文本"也终将被（新一轮的）"写作"所解构。解构或写作对于社会领域中的霸权规制和条条框框予以批评，并为其转化创造条件。"写"是原始的"说"，写作不仅可以理清思路，而且很多重要的东西就是在"写着写着"的当儿呈现出来的，写作可以让偶然的背景性的东西褪去，这也体现了作品的"实践性"。当某人表明自己领会了或懂了某某东西之时，他（或她）只是主观上认为自己领会了或懂了，这其实是不够的，只有能够自如地做出回应的时候，才可能是领会了或懂了。凭借着写作者自己的话语才可能真正领会文本及其可能的界限。此种思想值得我们借鉴。

吉登斯的双重解释学不是试图找出永不褪色的定则和铁律去解释社会，而是用灵敏度很高的概念图式去解释社会，用"陪伴着社会一同前行的"概念图式去解释社会本身。社会科学家的理论图式对其对象产生了改变的效应，社会科学家关注的不是现成的对象世界，而是随时都因为主体的参与和创造（包括理论图式的创造）而时刻变化的处于构造之中的世界。而且，吉登斯所说的"解释"具有双向性：一方面，社会理论用自己的概念和理论来解释和理解社会与个人；另一方面，个人也用自己的语言和思维方式来"理解"社会理论。此种双向的理解和解释的过程，其实也是社会本身的创造和再造。

如此一来，似乎可以谈论所谓的社会科学的"语言转向"。事物和话语的内在构成是不可能分开的，我们在语言中跟世界相联系。对于各种语言形式的文本而言，我们不仅可以横向地探究其所涵摄的实事，进而求得"规律"，还可以探求此文本和彼文本之间的纵的关系，还可研究这些文本自身的"发生"，研究这些文本背后的基本的言说方式以及和该言说方式相连的社会建制，研究文本中或隐或现的对于人的定位。我们还可以就"使用中的语言"来探究社会环境下的作为社会实践的"语言运用"，还可以像某些哲学家所说的那样，不一定为了交流和告知思想之目的而"写"，也可以没有想好就"写"，这种写就是"尝试之实践"或试验之"写"，它和一般的写作相比有更多的变化之可能性。此外，理解文本或制造文本的时候要跟随形式的连续展开和内容的不断生成，通过写作而产生"文本"之时，尊重他者的声音、异质的声音、"异教"的声音、自我变更和自我更新的声音，对自身和共同体的位子保持着清楚和清醒的意识，并呼唤人们投身于迎接更好的社会形态的运动中去，这当然是不言而喻的。

参考文献

1. Jean-Francois Lyotard, *Libidinal Economy*. Minneapolis：University of Minnesota Press，(originally 1993).

2. Foucault：*The Order of Thing*，Random House，New York，1971.

3. Deleuze and Guattari, *L'anti-Oedipus*. Minuit，Paris，1972.

4. P. Tillich, *Systematic Theology*(*Vol.* 1). Chicago：University of Chicago Press. 1951.

5. 梅洛-庞蒂：《哲学赞词》,杨大春译,商务印书馆 2000 年版

6. 利奥塔：《后现代状态：关于知识的报告》,车槿山译,南京大学出版社 2011 年版

7. 利奥塔：《话语,图形》,谢晶译,上海人民出版社 2012 年版

8. 鲍德里亚：《象征交换与死亡》,车槿山译,译林出版社 2012 年版

9. 鲍德里亚：《消费社会》,刘成富等译,南京大学出版社 2014 年版

10. 德勒兹、加塔利：《资本主义与精神分裂(卷 2)：千高原》,姜宇辉译,上海书店出版社,2010 年版。

11. 福柯：《规训与惩罚》(修订译本),刘北成、杨远婴译,生活·读书·新知三联书店 2012 年版

12. 福柯：《古典时代疯狂史》,林志明译,生活·读书·新知三联书店 2005 年版

13. 福柯：《性经验史》,佘碧平译,上海人民出版社 2005 年版

14. 德里达：《书写与差异》(下),张宁译,生活·读书·新知三联书店 2001 年版

15. 德里达：《马克思的幽灵：债务国家、哀悼活动和新国际》,何一译,中

国人民大学出版社 2008 年版

16. 詹明信：《晚期资本主义的文化逻辑》，陈清侨等译，生活・读书・新知三联书店 2013 年版

17. 安东尼・吉登斯：《现代性的后果》，田禾译，译林出版社 2000 年版

18. 安东尼・吉登斯：《现代性与自我认同》，赵旭东等译，生活・读书・新知三联书店 1998 年版

19. 安东尼・吉登斯：《超越左与右——激进政治的未来》，李惠斌等译，社会科学文献出版社 2000 年版

20. 安东尼・吉登斯：《资本主义与现代社会理论：对马克思、涂尔干和韦伯著作的分析》，郭忠华等译，上海译文出版社 2013 年版

21. 安东尼・吉登斯：《第三条道路——社会民主主义复兴》，郑戈译，北京大学出版社 2000 年版

22. 安东尼・吉登斯：《民族—国家与暴力》，胡宗泽等译，生活・读书・新知三联书店 1998 年版

23. 安东尼・吉登斯：《社会的构成》，李康、李猛译，生活・读书・新知三联书店 1998 年版

24. 安东尼・吉登斯：《政治学、社会学与社会理论：经典理论与当代思潮》，何雪松、赵方杜译，上海人民出版社 2014 年版

25. 安东尼・吉登斯：《社会学方法的新规则——一种对解释社会学的建设性批判》，田佑中、刘江涛译，社会科学文献出版社 2003 年版

26. 安东尼・吉登斯：《社会理论与现代社会学》，文军、赵勇译，社会科学文献出版社 2003 年版

27. 安东尼・吉登斯：《社会学：批判的导论》，郭忠华译，上海译文出版社 2013 年版

28. 罗姆巴赫：《作为生活结构的世界——结构存在论的问题与解答》，王俊译，张祥龙等校，上海书店出版社 2009 年版

29. 孙周兴选编：《海德格尔选集》（下），上海三联书店 1996 年版

30. 海德格尔：《路标》，孙周兴译，商务印书馆，2007 年版

31. 海德格尔：《现象学之基本问题》，丁耘译，上海译文出版社 2008 年版

32. 马克思·韦伯:《新教伦理与资本主义精神》,生活·读书·新知三联书店 1987 年版

33. 弗里德里希·包尔生:《伦理学体系》,中国社会科学出版社 1992 年版

34. 保罗·库尔茨:《21 世纪的人道主义》,东方出版社 1998 年版

35. 列奥·施特劳斯:《自然权利与历史》,彭刚译,生活·读书·新知三联书店 2003 年版

36. 麦茨·埃尔弗森:《后现代主义与社会研究》,甘会斌译,上海人民出版社 2011 年版

37. 詹克斯:《现代主义的临界点:后现代主义向何处去?》,丁宁等译,北京大学出版社 2011 年版

38. 梅洛—庞蒂:《辩证法的历险》,杨大春等译,上海译文出版社 2009 年版

39. 丹尼尔·贝尔:《资本主义文化矛盾》,严蓓雯译,江苏人民出版社 2012 年版

40. 乌尔里希·贝克等:《自反性现代化:现代社会秩序中的政治、传统与美学》,赵文书译,商务印书馆 2014 年版

41. 齐格蒙特·鲍曼:《现代性与矛盾性》,邵迎生译,商务印书馆 2013 年版

42. 齐格蒙特·鲍曼:《现代性与大屠杀》,杨渝东等译,译林出版社 2011 年版

43. 舍勒:《价值的颠覆》,刘小枫编,罗悌伦等译,生活·读书·新知三联书店 1997 年版

44. 乔治·瑞泽尔:《后现代社会理论》,谢立中等译,华夏出版社 2003 年版

45. 阮新邦:《批判诠释与知识重建——哈伯玛斯视野下的社会研究》,社会科学文献出版社 1999 年版

46. 郑乐平:《超越现代主义和后现代主义——论新的社会理论空间之建构》,上海教育出版社 2003 年版

47. 夏光：《后结构主义思潮与后现代社会理论》，社会科学文献出版社 2003 年版

48. 包亚明编：《后现代性与公正游戏——利奥塔访谈、书信录》，谈瀛洲译，上海人民出版社 1997 年版

49. 赵福生：《福柯微观政治哲学研究》，黑龙江大学出版社 2011 年版

50. 张庆熊：《基督教神学范畴——历史的和文化比较的考察》，上海人民出版社 2003 年版

51. 严翅君等：《后现代理论家关键词》，江苏人民出版社 2011 年版

52. 刘少杰：《后现代西方社会学理论》，北京大学出版社 2002 年版

53. 陈嘉明：《现代性与后现代性十五讲》，北京大学出版社 2006 年版

54. 冯俊等：《后现代主义哲学讲演录》，商务印书馆 2003 年版

55. 谢立中：《社会理论：反思与重构》，北京大学出版社 2006 年版

56. 张之沧：《后现代理念与社会》，南京师范大学出版社 2005 年版

57. 苏国勋、刘小枫主编：《社会理论的开端和终结》，生活·读书·新知三联书店 2005 年版

58. 苏国勋、刘小枫主编：《社会理论的诸理论》，生活·读书·新知三联书店 2005 年版

59. 苏国勋、刘小枫主编：《社会理论的知识学建构》，生活·读书·新知三联书店 2005 年版

60. 苏国勋、刘小枫主编：《社会理论的政治分化》，生活·读书·新知三联书店 2005 年版

图书在版编目(CIP)数据

后现代主义社会理论管窥/郑争文著.—上海:上海三联书店,
2020.7

(社会科学方法论与社会哲学研究丛书/张庆熊主编)
ISBN 978-7-5426-6182-1

Ⅰ.①后… Ⅱ.①郑… Ⅲ.①社会学—研究 Ⅳ.①C91

中国版本图书馆 CIP 数据核字(2017)第 331145 号

后现代主义社会理论管窥

著　者 / 郑争文

责任编辑 / 黄　韬
装帧设计 / 徐　徐
监　制 / 姚　军
责任校对 / 张大伟

出版发行 / 上海三联书店
　　　　(200030)中国上海市漕溪北路 331 号 A 座 6 楼
邮购电话 / 021－22895540
印　刷 / 上海惠敦印务科技有限公司

版　次 / 2020 年 7 月第 1 版
印　次 / 2020 年 7 月第 1 次印刷
开　本 / 890×1240　1/32
字　数 / 120 千字
印　张 / 4.875
书　号 / ISBN 978-7-5426-6182-1/C·570
定　价 / 36.00 元

敬启读者,如发现本书有印装质量问题,请与印刷厂联系 021－66366565